Darmstädter Arbeiten zur
Literaturwissenschaft und Philosophie

Darmstädter Arbeiten zur Literaturwissenschaft und Philosophie

Herausgegeben von
Matthias Luserke-Jaqui und Gerhard Gamm

Band 17

Sebastian Kniza

Gesellschaftskritik in den Romanen Wilhelm Genazinos

Ein Forschungsbericht

Tectum Verlag

Sebastian Kniza

Gesellschaftskritik in den Romanen Wilhelm Genazinos
Ein Forschungsbericht

Darmstädter Arbeiten zur Literaturwissenschaft und Philosophie
Band 17

ISBN: 978-3-8288-4156-7
ISSN: 1868-2847
eISBN: 978-3-8288-7007-9
Umschlagabbildung: Heinz Schweizer, „Frankfurt bei Nacht".
Aquarell, 2012 | www.heinzschweizer.at

Druck und Bindung: docupoint GmbH, Barleben
Printed in Germany

Besuchen Sie uns im Internet
www.tectum-verlag.de

Bibliografische Informationen der Deutschen Nationalbibliothek
Die Deutsche Nationalbibliothek verzeichnet diese Publikation in der Deutschen Nationalbibliografie; detaillierte bibliografische Angaben sind im Internet über http://dnb.d-nb.de abrufbar.

Inhaltsverzeichnis

1. Einleitung

„Es ist ein Kennzeichen wirklicher Seelenscheu, wenn die Menschen über das Leben, das sie führen, nichts mehr sagen wollen, obwohl ihnen das Herz überfließt.“[1]

Im Prosawerk Wilhelm Genazinos wird das Alltägliche zum Besonderen. Die männlichen Protagonisten treten dabei trotz ihrer bürgerlichen Existenz oftmals als Grenzgänger auf, deren Lebenswelt fortwährend vom Zerfall bedroht ist. Der Zerfall besteht zum Beispiel aus dem Ende der Beziehung des Protagonisten zu seiner Lebenspartnerin, dem unverschuldeten Verlust des Arbeitsplatzes, sowie dem körperlichen und geistigen Zerfall.[2] Insbesondere die geistige Beschaffenheit des Protagonisten wird durch andere Figuren in dem Roman *„Das Glück in glücksfernen Zeiten“* in Frage gestellt und letztlich seine Mündigkeit durch den Kontakt mit der Psychiatrie am Ende des Romans gebrochen. Die Wiedererlangung der eigenen Mündigkeit fungiert dabei als Schlüssel zur Selbsterkenntnis der Protagonisten. „Offenbar kann ich, trotz allem, immer noch wählen, wie ich in Zukunft leben will.“[3] Sie sind Grenzgänger im Spannungsfeld von Individuum und Gesellschaft. Die an sie gestellten gesellschaftlichen Rahmenbedingungen in Form von Anpassung an Arbeitsverhältnisse bieten zwar einen Zugang zum Leben in einer bürgerlichen Existenz, jedoch hadern die Protagonisten mit ihrer für sie zugewiesenen Position. Kleine Fluchten aus dem kleinbürgerlichen Milieu suchen sie im Flanieren durch die Straßen und Plätze der Großstadt Frankfurt am Main, die den Ort für die Romanhandlung Wilhelm Genazinos bildet. Der Autor will „dem

1 Siehe Genazino, Wilhelm: Das Glück in glücksfernen Zeiten. Deutscher Taschenbuch Verlag München 3. Auflage 2014. S. 93 f.

2 Vgl. dazu insbesondere den körperlichen Verlust der linken Ohrmuschel und des rechten kleinen Zehs des Protagonisten Dieter Rotmund in Genazino, Wilhelm: Mittelmäßiges Heimweh. Deutscher Taschenbuch Verlag München 2008. S. 10 f. und S. 90 f.

3 Siehe Genazino, Wilhelm: Das Glück in glücksfernen Zeiten. S. 158.

Flüchtigen des Lebens und Alltags eine Form geben, mit einem Dreh, einem Kniff, der aus zufällig Beobachtetem Dauerhaftes macht, festgehalten in Blicken und Wörtern."[4]

Es sind die vermeintlichen Banalitäten des Alltags, die die männlichen Ich-Erzähler nachhaltig faszinieren. Solche Banalitäten sind hierbei zwischenmenschliche Beziehungen zu fremden Figuren im Roman, die sozialpsychologisch betrachtet, zu den ausgeschlossenen Mitgliedern der Stadtgesellschaft gehören. Diesem Personenkreis gehören etwa obdachlose, verwirrte und scheinbar gescheiterte Personen an. Auch Kinder mit ihrer Unbefangenheit und ihren unmaskierten Verhaltens- und Kommunikationsweisen prägen die Selbst- und Fremdwahrnehmung des nachdenklichen Flaneurs. Ihre Andersartigkeit und ihr nicht konformes Verhalten beruhigen den Protagonisten und lenken ihn von seinen aus der beruflichen Tätigkeit und privaten Beziehungsproblemen herrührenden Grübeleien ab. Diese Personengruppe bildet den Gegenpol zur bürgerlichen Welt, dieser der Protagonist aufgrund seiner beruflichen Anstellung zwar angehört, mit der er aber fortlaufend hadert. Heiterkeit über die Absurditäten des Alltags und seiner menschlichen Komik wechseln sich ab mit der Verzweiflung und der Melancholie des eigenen Scheiterns. Die „Gesamtmerkwürdigkeit des Lebens"[5] findet darin ihren Ausdruck. Das Scheitern bildet hierbei das Kippmoment zwischen den beiden gegensätzlichen Emotionen. Scheitern bedeutet auch, den gesellschaftlichen Anforderungen an ein makelloses Leben nicht zu genügen, indem man mit seinen biographischen Brüchen sein individuelles Scheitern manifestiert. Die Existenz innerhalb der bürgerlichen Gesellschaft scheint durch das Kippmoment des Scheiterns bedroht zu sein. Ein Abrutschen von der

4 Siehe Balke, Florian: Frankfurt-Buch von Genazino. Neues vom Nachtleben der Mäuse. Wilhelm Genazino hat ein Frankfurt-Buch herausgebracht. „Tarzan am Main – Spaziergänge in der Mitte Deutschlands" handelt vom Flanieren und Schreiben, in: Frankfurter Allgemeine Zeitung vom 28.01.2013.

5 Anmerkung: In seinem Roman „Ein Regenschirm für diesen Tag" verwendet Wilhelm Genazino den Begriff von der „Gesamtmerkwürdigkeit des Lebens": „*Inmitten dieser komischen Zustände verlässt mich der Mut, das Leben fortzusetzen. Vielleicht sollte ich auch eine Bratwurst essen. Ich habe keinen Hunger mehr, aber während der Vertilgung einer Bratwurst fällt mir vielleicht ein Wort für die Gesamtmerkmerkwürdigkeit allen Lebens ein.*" Siehe Genazino, Wilhelm: Ein Regenschirm für diesen Tag. Deutscher Taschenbuch Verlag München 2003. S. 77.

gesellschaftlichen „Normalität" mündet in Isolation. Der Protagonist ist ein beständiger Grenzgänger, obwohl er zunächst nicht die Radikalität des Bruchs mit der kleinbürgerlichen Lebenswelt anstrebt. Vielmehr beschränkt er sich auf die Position des distanzierten Beobachters der unterschiedlichen gesellschaftlichen Milieus und übt daran Kritik. Gesellschaftliche Missstände, die von dem zaudernden Protagonisten moniert werden, finden bei den übrigen Figuren keinen oder nur wenig Anklang. Missstände oder Dissonanzen werden hingenommen oder willentlich ignoriert. Das Fassadenhafte der kleinbürgerlichen Welt bleibt trotz seiner Widersprüchlichkeit bestehen. Es wird nicht über Emotionen oder allzu Menschliches gesprochen, was den Protagonisten verwundert und ihn dadurch grübeln lässt in Form von inneren Monologen. Die Selbstfindung ist fortwährendes Element in der Prosa Wilhelm Genazinos. Daher ist das Hin- und Herwechseln zwischen Innen- und Außenperspektive ein häufig angewandtes Element, mit dem die Angst- und Erwartungshaltung des Protagonisten in Bezug auf die gesellschaftliche Wirklichkeit ausgedrückt wird.

1.1 Fragestellung

Die folgende Arbeit möchte der Frage nachgehen, in welchem gesellschaftlichen Spannungsfeld sich der männliche Protagonist in den Romanen „*Das Glück in glücksfernen Zeiten*" und „*Mittelmäßiges Heimweh*" befindet. Was bedeutet hierbei Gesellschaftskritik und wie balanciert der Protagonist zwischen den Welten der Ödnis des Alltäglichen, des Bürgerlichen und der Flucht in den Mikrokosmos der gesellschaftlich Ausgestoßenen? Gibt es einen Ausweg durch Bildung oder durch Ästhetik? Obwohl die Protagonisten der Romane selbst keine gesellschaftlich isolierten Randfiguren sind, bewegen sie sich oft innerhalb des Milieus des Abgründigen, um sich wieder psychisch zu stabilisieren, d. h. ihre gedankliche Unruhe zu beruhigen. Im Folgenden sollen die Gesellschaftstheorien von Sigmund Freud und Karl Marx hinsichtlich ihrer kritischen Gesellschaftstheorie herangezogen werden. Hierbei soll untersucht werden, inwiefern Gesellschaftskritik im Freudschen und im Marxschen Sinne bei den Romanen Wilhelm Genazinos vorhanden ist.

1.2 Forschungsbericht: Gesellschaftskritik in den Romanen Wilhelm Genazinos

Zur Thematik der Gesellschaftskritik in den Romanen *Das Glück in glücksfernen Zeiten* und *Mittelmäßiges Heimweh* von Wilhelm Genazino gibt es unterschiedliche Stellungnahmen. Im folgenden Teil habe ich fünf Arbeiten zu diesem Thema herangezogen. Die wissenschaftliche Diskussion der Romane *Das Glück in glücksfernen Zeiten* und *Mittelmäßiges Heimweh* von Wilhelm Genazino sollen im Hinblick auf ihre Gesellschaftskritik im folgenden Teil dargestellt werden. Sie bilden zugleich den Forschungsbericht.

1.2.1 Doppelleben in *Mittelmäßiges Heimweh*

In seiner Arbeit „Doppelleben, halbbitter. Unentschiedenheit als erzählte Lebensform bei Wilhelm Genazino“[6] untersucht Alexander Honold den Aspekt Lebensentwurf und gesellschaftliche Teilhabe. Dabei geht er sozialgeschichtlich vor. Den Autoren Wilhelm Genazino bezeichnet er als einen „verläßlichen Chronisten“, der seine Leser auf dem aktuellen Stand der gegenwärtigen Zeit halte und seiner „Zeit manchmal sogar weit voraus“ sei. Genazino bilde die „Alltags- und Medienwirklichkeit“ der Rezipienten in ihrer „mittelständischen und mitteleuropäischen Gegenwart“ gekonnt ab und erzeuge damit eine Identifikation mit den Protagonisten und mit der Prosa. Diese Alltagswirklichkeit unterfüttert Genazino mit einer präzisen Genauigkeit der Beobachtung, die er sprachlich akzentuierter darstelle, als sie sich dem Leser in der Realität präsentiere. Die dem Werk Genazinos innewohnende Kreativität subsumiert Alexander Honold als „lebenszugewandte Menschenfreundlichkeit“, die für Beständigkeit und Treue bei den Rezipienten sorge. Der Erzählduktus und die Identifikationsangebote bekräftigen diese Konstanz. Besonders die Erzählerfiguren Genazinos symbolisieren Vertrautheit und Zustimmung. Diese Vertrautheit ent-

6 Siehe Honold, Alexander: Doppelleben, halbbitter. Unentschiedenheit als erzählte Lebensform bei Wilhelm Genazino, in: Andrea Bartl und Friedhelm Marx (Hrsg.): Verstehensanfänge. Das literarische Werk Wilhelm Genazinos. Poiesis. Standpunkte der Gegenwartsliteratur. Wallstein Verlag Göttingen 2011. S. 33 f.

stehe durch die Lebensumstände der Figuren, die weder gesellschaftlich hochstehend oder ausgestoßen erscheinen.[7] Sie befinden sich in der gesellschaftlichen Mitte. „Alles mögliche in meinem Leben war mittelmäßig gewesen, aber die Ehe durfte auf keinen Fall ebenfalls mittelmäßig werden."[8] Der Protagonist in *Mittelmäßiges Heimweh* konstatiert seine Mittelmäßigkeit im Leben und entwickelt eine Sehnsucht nach Perfektion zumindest in seiner Ehe. Die Mittelmäßigkeit ist für ihn der Ausbruch einer Lebenskrise, die Ausdruck einer kontinuierlichen Schieflage nach Alexander Honold sei. Diese Schieflage steht konträr zu den Erwartungen des gelingenden Lebens in der bürgerlichen Lebenswelt. Analog zu einem Lebenslauf im wörtlichen Sinn durchlaufen die Figuren eine Entwicklung, die nicht geradlinig verläuft. Kennzeichen ihrer Entwicklung ist eine „sanfte Entschlossenheit", die sie nicht dazu verleiten ein „Heldenleben" anzustreben. Vielmehr wird ein offenes, verständnisvolles Verhältnis zu den menschlichen Schwächen und Nöten dargeboten.

> Ich habe neun Stunden Arbeit hinter mir und empfinde das Café als die erste Wohltat des Tages. Auch die meisten Menschen um mich herum sind erkennbar erschöpft. Ausgepumpte, fast reglos in ihren Stühlen liegende Menschen empfinde ich als besonders schön. Sie wirken, mild von der Sonne beschienen, wie die endlich zur Betrachtung freigegebenen feierabendlichen Goldränder unserer Leistungsgesellschaft.[9]

Die Situation der Erschöpften wird mit einer gewissen Milde erzählt. Sie seien befreit von der Stärke und der Leistungsbereitschaft, immer wieder standhaft zu sein, auch in ihrer Freizeit. Gerade nicht die eigene Problematik und deren Benennung, sondern das reglose Ausgepumptsein entbinde sie von der Maskerade der Leistungsgesellschaft.

Die Figuren im Prosawerk Wilhelm Genazinos stehen nach Alexander Honold in einem Spannungsverhältnis zwischen der Schilderung sozialer Milieus und dem grübelnden, sich in einem ichbezogenen Krisenzustand befindenden Protagonisten.[10]

---

7 Vgl. Honold, Alexander S. 35.

8 Siehe Genazino, Wilhelm: Mittelmäßiges Heimweh. Deutscher Taschenbuch Verlag München 2008. S. 35.

9 Siehe Genazino, Wilhelm: Das Glück in glücksfernen Zeiten. Deutscher Taschenbuch Verlag München 3. Auflage 2014. S. 7.

10 Vgl. Honold, Alexander S. 36.

Im Gegensatz zur fortdauernden Gesellschaftsdarstellung mit ihren vor sich hinlaufenden Verhältnissen und deren offensichtliche Routine verengen sich in den männlichen Protagonisten affektive Bedrängnisse zu einer für sie großen Last. Scheinbar treten beide Darstellungen, sowohl die gesellschaftliche, als auch die individuelle, verkörpert durch den Protagonisten, auf der Stelle. Alexander Honold diagnostiziert darin eine Krise, die zum Handeln auffordert, denn so „kann es nicht mehr weitergehen". Dringlichkeit signalisiere hier Einsicht und eine sofortige Änderung tue not.

Die Werke von Wilhelm Genazino können als fortlaufender Gesamttext gelesen werden, da sich bestimmte Konstellationen und Darstellungstechniken offensichtlich wiederholen.[11] Claudia Stockinger beschreibt Genazinos Gesamtwerk „als eine einzige ‚repetetive' Erzählung [...], die ‚wiederholt' erzählt, ‚was sich einmal ereignet hat': ein Leben aus zweiter Hand. Der Wiederkehr von Themen, Motiven und Darstellungsformen liegt eine konzeptionelle Gesamtanlage zugrunde, die den beschriebenen Substanzverlust auf der Ebene der Figuren durch die permanente Wiederholung im Akt der Lektüre aufhebt – und damit in der Erinnerung des Lesers, die das Gesamtwerk synthetisiert."[12] Die Gefahr bei einer Wiederholung der Themen und Motive ist das Beiseitetreten der Figuren.

Die „Obdachlosigkeit" findet sich häufig als Grundthema in der Prosa W. Genazinos. Es greift den vom Leben aus zweiter Hand verursachten Bedeutungsverlust auf. Die „Obdachlosigkeit" beschreibt das Missverhältnis zwischen dem Anspruch eigenverantwortlicher Lebensführung und der tatsächlichen Selbsttäuschung und Fremdsteuerung durch sekundäre, vorgefertigte Selbstwahrnehmungen.[13] In der Figurenwelt Genazinos existiert eine illusionäre, scheinhafte Existenz, ohne korrigierende positive Darlegung der richtigen, eigentlichen Lebens- und Gesellschaftsformen. Im Rückblick der Werkchronologie entdeckt

11 Vgl. ebd. S. 37.

12 Siehe Stockinger, Claudia: Das Leben ein (Angestellten-) Roman. Wilhelm Genazinos Ästhetik der Wiederholung, in: Heinz Ludwig Arnold (Hrsg.): Wilhelm Genazino. Edition Text + Kritik 162. München 2004. S. 21.

13 Vgl. Bucheli, Roman: Die Begierde des Rettens. Wilhelm Genazinos Poetik des genauen Blicks, in: Heinz Ludwig Arnold (Hrsg.): Wilhelm Genazino. Edition Text + Kritik 162. München 2004. S. 49.

man eine Substanz sozialer Merkmale, die die Arbeitswelt und den Konsumkapitalismus kritisch beleuchten.[14] Diese Entfremdungserscheinungen kommen besonders in dem Werk der *Abschaffel-Trilogie* häufig vor. „Abschaffel" ist der sogenannte Prototyp der gesellschaftlich determinierten Entfremdung des Individuums.

Entgegen der Auffassung, dass die Figuren bedingt durch die thematische Wiederholung in den Hintergrund treten würden, sieht Hannes Krauss eine Verknüpfung der Hauptfigur mit ihrer gesellschaftlichen Position.[15] Er konstatiert, „dass die klug konzipierte Abschaffel-Figur authentische Bilder des modernen Großstadtalltags vermittelt, letztlich aber überfordert und überfrachtet wirkt." Entsprechend dieser Überforderung der Figur trägt sie diese Allegorie auch in ihrem Namen „Abschaffel". Der Protagonist muss sich im Arbeitsalltag abschaffen, also abarbeiten, um seinen Lebensunterhalt bestreiten zu können, was letztlich seine Existenzsicherung bildet. „Weil seine Lage unabänderlich war, mußte Abschaffel arbeiten."[16] Alexander Honold stellt einen Franz Kafka-Bezug zur Genazinoschen *Abschaffel-Trilogie* her.[17] Entsprechend dem Motto „Die Stunden außerhalb des Bureaus fresse ich wie ein wildes Tier" von Franz Kafka[18], das im Roman von Wilhelm Genazino als Motto fungiert, entsteht eine Verbindung zwischen dem subjektiven, existentiellen Druck, der den Protagonisten belastet, und des ihm gesellschaftlich aufoktroyierten Leidens durch die entfremdete Lohnarbeit. Abschaffel befindet sich in einem klassentypischen und schichtspezifischen Dilemma, das von ihm das anpassungsfähige und kleinbürgerliche Angestelltensubjekt verlangt, was ihm eine sinnentleerte Arbeitswelt und begrenzte Konsummöglichkeiten beschert. Er kann sich folglich nicht außerhalb dieses Gefüges entfalten und das seinen Fähigkeiten und Fertigkeiten Entsprechende machen, was er möchte, wenn er denn dürfte. Eine Begrenzung seiner Indivi-

14 Vgl. hierzu insbesondere Genazino, Wilhelm: Abschaffel-Trilogie. Carl Hanser Verlag München 2004. Die von mir zitierte Ausgabe ist die einmalige Sonderausgabe zu Frankfurt liest ein Buch 2011.

15 Vgl. Krauss, Hannes: Menschen – Dinge – Situationen. Wilhelm Genazinos „Abschaffel"-Romane, in: Heinz Ludwig Arnold (Hrsg.): Wilhelm Genazino. Edition Text + Kritik 162. München 2004. S. 11 und 15.

16 Siehe Genazino, Wilhelm: Abschaffel. S. 8.

17 Vgl. Honold, Alexander S. 41.

18 Siehe Genazino, Wilhelm: Abschaffel. S. 7.

dualität wird forciert durch den Arbeitszwang in einem geschlossenen Gefüge innerhalb der Angestelltenwelt.

Eine direkte Analogie zu Franz Kafkas „Doppelleben" als Angestellter und Schriftsteller findet sich in Wilhelm Genazinos Roman *Eine Frau, eine Wohnung, ein Roman*[19], worin sich ein junger Protagonist ein Doppelleben aufbaut, das zum einen die Angestelltenexistenz eines Auszubildenden einer Spedition beinhaltet, als auch das Künstlerleben des freien Journalisten. Beide Pole bilden für den Protagonisten die Lebensgrundlage. Diese Existenzformen der Arbeitswelten sind voneinander abgeschlossen, jeder Pol bildet eine Welt für sich. Die Figuren der Spedition und der Zeitungsredaktion wissen nichts von der Doppelexistenz des Protagonisten. Der Protagonist fungiert als Wandler zwischen den Welten. Die Verdienstmöglichkeit in der Spedition sieht er nur als Mittel zum Zweck. „Es war klar, die Lehre [...] war nichts weiter als eine Übergangslösung. In Wahrheit wollte ich schreiben, hauptberuflich, und zwar sofort. Wie ich das anstellen sollte, wußte ich freilich nicht, und ich war deswegen bekümmert."[20] Das journalistische Schreiben betrachtet der Protagonist als Erlösung von den Demütigungen seiner Ausbildungsstelle. Doch auch in der Zeitungsredaktion gibt es Entbehrungen, denn sie sei kein Tummelplatz idealistischer Haltungen. Die Frage, wie man leben solle, kann der Protagonist nicht beantworten. Trotz seiner doppelten Berufslaufbahn kann er sich nicht gegen den bürgerlichen Massengeschmack stemmen und dagegen aufbegehren.

Die Protagonisten besitzen bei ihren Handlungsweisen eine Art navigatorische Vernunft, welche die Sozialtauglichkeit im richtigen Verhältnis von Abstand und Zugehörigkeit zur bürgerlichen Gesellschaft auszuloten vermag.[21]

Die Figur Abschaffel ist als Mensch und Angestellter angreifbar. Krankheit, Verfehlungen, kleine Vertrauensbrüche bilden dabei die Fluchtmöglichkeiten aus dem Normalzustand heraus. Die Protagonisten in Wilhelm Genazinos Romanen nutzen für sich einen Möglichkeitsraum. In diesem halten sie Dinge und Menschen in einem Schwebezustand, der es ihnen ermöglicht, zwischen dem Status quo und ra-

19 Vgl. Genazino, Wilhelm: Eine Frau, eine Wohnung, ein Roman. München 2003.
20 Siehe ebd. S. 9.
21 Vgl. Honold, Alexander S. 43.

dikaler Veränderung hin- und herzubalancieren. Dieser Möglichkeitsraum bietet die Option des endgültig Entschiedenen.

Die männlichen Protagonisten sind nicht eng in ihre Berufs- und Familienbindungen eingebunden. Ihr Erkennungsmerkmal ist ihre existentielle Rastlosigkeit und Unzugehörigkeit. Mit ihren einsamen und oft ziellosen Streifzügen durch die Großstadt tasten sie sich in verwahrloste und sozial negativ konnotierte Regionen vor. Während ihrer für sie befreienden Spaziergänge pflegen sie Tagträume und flüchtige Sexualkontakte und nehmen Eindrücke von randständigen und vom Leben gezeichneten Personen auf. Sie leben zwar ihr Leben, aber sie führen es nicht.

In *Mittelmäßiges Heimweh* ist der Protagonist gleichfalls im Spannungsfeld zwischen der Arbeitswelt in Frankfurt am Main und dem heimischen Schwarzwald, dem Zweitwohnsitz wo seine Frau und seine Tochter leben, verortet. Obwohl er beruflich erfolgreich ist und eine unerwartete Beförderung und damit eine Gehaltserhöhung bekommt, scheitert seine Ehe und damit auch seine Vorstellungen vom ersehnten familiären Glück. Ein besonderer Wendepunkt kennzeichnet den Roman, in dem der Protagonist eigenständig die bewusste Entscheidung für die Scheidung seiner Ehe trifft. Erstmals befreit er sich selbst aus dem gelebten Leben, als er dessen Führung selbst in die Hand nimmt. Erst durch die Loslösung aus dem ehelichen Unglück öffnet sich der Protagonist gegenüber den anderen Figuren in der Großstadt Frankfurt am Main und erlangt das Vertrauen wieder, das er als verloren geglaubt hatte.

1.2.2 Doppelleben des Protagonisten in *Das Glück in glücksfernen Zeiten*

Auch der Protagonist des Romans *Das Glück in glücksfernen Zeiten* führt ein von ihm gewünschtes Doppelleben zwischen zwei gegensätzlichen Welten. Er geht dem Erwerbsleben eines Controllers in einer Großwäscherei nach und sehnt sich gleichzeitig nach einer Künstlerexistenz als freischaffender Philosoph. Seine Eigenmächtigkeiten in Form von Tagträumereien quittiert der Wäschereibesitzer mit einer fristlosen Kündigung. Im Tagtraum entwickelt der Protagonist Gerhard Warlich die Vorstellung von einem auf halbtags reduzierten Arbeitsleben. Somit formiert sich hierbei Gesellschafts- und Sozialkritik. Mit der Kündigung fällt er gesellschaftlich aus dem Rahmen, da auf die Kündigung der direkte Weg in die Psychiatrie folgt. Trotz der zunächst ausweglosen Situation in der Machtinstitution Psychiatrie scheint das Ende des Romans offen, wo der Protagonist festhält: „Offenbar kann ich, trotz allem, immer noch wählen, wie ich in Zukunft leben will."[22] Die Zukunft des Protagonisten ist demnach offen und er kann trotz der gegenwärtigen Umstände noch wählen, wie er sein Leben führen will.

Einen geglückten Fall von Vereinbarung des Doppellebens erkennt Alexander Honold[23] in dem Protagonisten des Romans *Eine Frau, eine Wohnung, ein Roman.* Angestelltendasein und freier Journalismus lassen sich hier in Form eines Doppellebens offensichtlich nahtlos vereinigen. Das Zögern des Protagonisten eine Entscheidung zu treffen, die zur Auflösung des Doppellebens führt, mündet in der finalen Entscheidung das Doppelleben beizubehalten.

> Plötzlich war eine Entscheidung gefallen. Ich beschloß, meine Situation vorläufig nicht zu ändern. Ich würde das Angebot [...] nicht annehmen. Ich wollte weiterhin Feierabendreporter, mißbrauchter Lehrling und gut bezahlter Vorarbeiter sein. Eines Tages würde ich genauer wissen, was ich zu tun hatte und was nicht. Bis dahin mußte ich die Kühnheit haben, meine Zeit zu vergeuden und mich selber in der vergehenden Zeit zu belauschen.[24]

Der Protagonist hat sich trotz aller Bedenken und Kritik an sich und den Umständen für das Fortlaufen dieser Doppelexistenz entschieden. Im Vergleich zu *Das Glück in glücksfernen Zeiten* und *Mittelmäßiges Heimweh* gibt es hier keinen fundamentalen Bruch mit der Doppelexistenz. Gemeinsames narratives Merkmal in den Romanen Wilhelm Genazinos bildet ein Balance-Schema zwischen gelebter Individualität und sozialer Formierung, die einerseits aktive Handlungsbereitschaft der Protagonisten erfordern und andererseits die passive Situationsanpassung. Gesellschaftskritik erkennt Alexander Honold in der Doppelexistenz des Protagonisten, der sich als Fluchtpunkt das andere Leben

22 Siehe Genazino, Wilhelm: Das Glück in glücksfernen Zeiten. S. 158.
23 Vgl. Honold, Alexander S. 46.
24 Siehe Genazino, Wilhelm: Eine Frau, eine Wohnung, ein Roman. S. 147.

als imaginäre Hintertür offenhält. In Bezug auf die Doppelexistenz hinsichtlich der Gesellschaftskritik teile ich die Auffassung von Alexander Honold. Eine Doppelexistenz besteht aus dem Angestelltendasein in *Das Glück in glücksfernen Zeiten* und *Mittelmäßiges Heimweh* und dem Privatleben, das konträr zum alltäglichen Angestelltenverhältnis steht. Beide Protagonisten balancieren zwischen den Welten des Alltäglichen und Privaten hin und her. Besonders das wöchentliche Pendeln von Dieter Rotmund in *Mittelmäßiges Heimweh* zwischen der Arbeitsstelle in der Großstadt Frankfurt am Main und dem Familienmittelpunkt des Dorfes im Schwarzwald bildet, räumlich gesehen, einen deutlichen Gegensatz und formiert zugleich den intensiven Spagat zwischen Angestelltendasein und Privatmensch.

Eine Auflösung des anfänglichen Doppellebens findet in *Das Glück in glücksfernen Zeiten* durch die Kündigung der Arbeitsstelle statt und in *Mittelmäßiges Heimweh* durch die Ehescheidung statt.

1.2.3 Mittelmaß und Wahn bei Dieter Rotmund in *Mittelmäßiges Heimweh*

Friedhelm Marx beleuchtet in seiner Arbeit das Verhältnis Mittelmaß und Wahn in den Romanen von Wilhelm Genazino.[25] Seine Herangehensweise ist eine sozialpsychologische Interpretation. Besonders deutlich wird die Mittelmäßigkeit an dem Ich-Erzähler des Romans *Mittelmäßiges Heimweh.*

> Trotz aller Mühe, aus meiner Ehe etwas Besonderes zu machen, bin ich jetzt sicher, daß auch meine Ehe mittelmäßig war. Schon meine Eltern waren mittelmäßig, meine Kindheit war mittelmäßig, außerdem meine Schulzeit, mein Abitur und das Studium, aber seit dem letzten Anruf steuere ich auf das Mittelmäßigste zu, was es überhaupt gibt: auf eine Scheidung.[26]

25 Vgl. Marx, Friedhelm: Erzählfiguren der Verrückung im Werk Wilhelm Genazinos, in: Andrea Bartl und Friedhelm Marx (Hrsg.): Verstehensanfänge. Das literarische Werk Wilhelm Genazinos. Poiesis. Standpunkte der Gegenwartsliteratur. Wallstein Verlag Göttingen 2011. S. 57 f.

26 Siehe Genazino, Wilhelm: Mittelmäßiges Heimweh. S. 109.

Die Titelsignifikanz wird hier hervorgehoben, indem der Protagonist in seiner Selbstreflexion seine Mittelmäßigkeit erkennt und benennt. Auslöser für das Bewusstsein der eigenen Mittelmäßigkeit ist der Anruf der Frau des Ich-Erzählers, in dem sie mitteilt, dass sie die gemeinsame Zweitwohnung im Schwarzwald auflösen will. Friedhelm Marx bemerkt, dass kein anderer Protagonist in den Romanen von Wilhelm Genazino mit einer so erschütternden Deutlichkeit spricht als Dieter Rotmund in *Mittelmäßiges Heimweh.* Alle männlichen Ich-Erzähler haben eine Gemeinsamkeit. Sie alle führen ein mittelmäßiges Leben ohne größere Ausschweifungen und Abweichungen und ohne Nuancen von Exotik, die ein „wildes" Leben kennzeichnen würden. Sie provozieren keine Erlebnisse, sie negieren die Illusion, dass es ein Leben im emphatischen Sinne gäbe, ein befreites Leben, abseits äußerlicher Normalität, jenseits der Abgründe bürgerlicher Gewohnheiten. Somit wirft Friedhelm Marx die These auf, dass die Protagonisten sich obgleich aller Widrigkeiten der bürgerlichen Existenz innerhalb des Rahmens des Normalen bewegen wollen, unauffällige Beobachter sein möchten.

Gerade das Schweigen und das Beobachten bedeuten bei Wilhelm Genazino ein Merkmal von Freiheit. In seiner Dankesrede zur Verleihung des Büchnerpreises im Jahr 2004 bekräftigt er die Beobachtungsmöglichkeiten langweiligen Herumstehens:

> Sehr geehrte Chefredakteure, Programmleiter, Fernsehdirektoren, Eventdenker, Kaufhauschefs! Sehr verehrte Planer von Freizeitparks, Loveparades, Expos und all dem anderen Nonsens! Laßt die Finger weg von unserer Langeweile! Sie ist unser letztes Ich-Fenster, aus dem wir noch ungestört, weil unkontrolliert in die Welt schauen dürfen! Hört auf, uns mit euch bekannt zu machen! Hört auf, euch für uns etwas auszudenken! Sagt uns nicht länger, was wir wollen! Bleibt uns vom Leib, schickt uns keine portofreien Antwortkarten und gebt uns keine Fragebögen in die Hand, interviewt uns nicht, filmt uns nicht, laßt uns in Ruhe! Laßt uns herumstehen, denn Herumstehen ist Freiheit![27]

Das In-Sich-Gehen und die Stille werden dem modernen Subjekt seitens der Funktionäre in Medien, Wirtschaft und Unterhaltungsindustrie abgenommen. Wilhelm Genazino plädiert in seiner Rede für ein

27 Siehe Genazino, Wilhelm: Der Untrost und die Untröstlichkeit der Literatur, in: Wilhelm Genazino: Der gedehnte Blick. München 2007. S. 196-205.

eigenständiges Individuum, das nicht permanent unterhalten, oder schlimmer noch, entmündigt werden möchte. Die letzte Bastion ist das eigene ungestörte und unkontrollierte Schauen in die Welt.

Auch Hans Magnus Enzensberger hat sich in einem Essay mit dem Mittelmaß in unserer Gesellschaft beschäftigt.[28] Er bemerkt, dass es in unserer Gesellschaft seit längerer Zeit kein Leben jenseits des Mittelmaßes gebe. „Die Gesellschaft ist mittelmäßig. Mittelmäßig ihre Machthaber und ihre Kunstwerke, ihre Repräsentanten und ihr Geschmack, ihre Freuden, ihre Meinungen, ihre Architektur, ihre Medien, ihre Ängste, Laster, Leiden und Gebräuche […]".

Selbst eine gegenwärtige Alltagsexotik der bürgerlichen Lebensformen könne die Mittelmäßigkeit der Gesellschaft nicht verdecken.

> Das Mittelmaß, das in dieser Republik herrscht, zeichnet sich durch ein Maximum an Variation und Differenzierung aus. […] Die Vielfalt, die sich anbietet, entspringt nicht der persönlichen Originalität, sondern einer gesellschaftlichen Kombinatorik. So führt auch die Evolution des Mittelmaßes zu unvorhersehbaren Ergebnissen. Sie bringt keine homogene Population hervor; sie zeigt, ganz im Gegenteil, innerhalb ihrer Grenzen eine endlose Variabilität. Was dabei zum Vorschein kommt, könnte man als durchschnittliche Exotik des Alltags bezeichnen. Sie äußert sich am deutlichsten in der Provinz.[29]

In Hans Magnus Enzenbergers Untersuchung gibt es Minderheiten, die sich nicht von der Mittelmäßigkeit vereinnahmen lassen wollen und können. Es sind die „kulturellen Abweichler", die vor der Umgebung des Gewohnten auf der Flucht sind.[30] Es sei nicht hilfreich, wenn sie auf das Mittelmaß mit Exzessen reagieren würden. Das Genie ist laut Enzensberger immer schwerer zu besetzen, da es stückweise abgelöst wird durch den Star, der Ware in größeren Mengen abgebe. „Der geniale Wahn hat ausgelitten; er wird nur noch gespielt und als Amoklauf des Outsiders für die Medien inszeniert. […] Das Mittelmaß nimmt Rache an seinem Gegenspieler. Es hat die kulturelle Opposition eingemeindet, das Außenseitertum verschluckt."[31] „Genie und Wahn-

---

28 Vgl. Enzensberger, Hans Magnus: Mittelmaß und Wahn. Ein Vorschlag zur Güte, in: Hans Magnus Enzensberger: Mittelmaß und Wahn. Gesammelte Zerstreuungen. Frankfurt am Main 1991. S. 258.

29 Siehe ebd. S. 263 ff.

30 Vgl. ebd. S. 268 ff.

31 Siehe ebd. S. 271 f.

sinn", ein Terminus des 19. Jahrhunderts, der den schöpferischen Menschen und natürlichen Außenseiter inspirierte, wirkt dementsprechend nicht mehr. Enzensberger konstatiert, dass die Mehrheit und der Außenseiter in einem Gemeinwesen wie unserer Gesellschaft in einem symbiotischen Verhältnis zueinander stehen und dieses erhalten bleibt. „Mittelmaß und Wahn verhalten sich komplementär zueinander; ihr scheinbarer Gegensatz verbirgt ein tiefsitzendes Einverständnis. Ein sozialer Ort, der außerhalb dieser Verwicklung läge, wird sich nicht finden lassen. In mehr oder weniger prekärer Balance, wechselnden Anteilen und oszillierenden Mustern kehrt diese paradoxe Verschlingung in jedem von uns wieder."[32]

Friedhelm Marx widerspricht den Überlegungen Hans Magnus Enzenbergers von dem verlorenen Genie in der mittelmäßigen Masse. Indem Enzensberger das eigene Mittelmaß gezielt in den Blick nehme, habe er es überwunden. Er beanspruche für sich eine Außenseiterposition, die ihm eigentlich aufgrund seiner Erkenntnis nach verwehrt sein solle. Die Position des einsamen Genies habe der Verfasser Enzensberger selbst eingenommen.[33] Die Gesellschaftsanalyse Enzenbergers behandelt genau die Thematik, die Wilhelm Genazino schon in seiner *Abschaffel-Trilogie* literarisch verarbeitet hatte. Es geht um die Lebensformen des Mittelmaßes. Ausnahmemenschen treten darin nicht auf, falls sie einen Auftritt wagen, folgen das Scheitern und die Strafe der Scham.

In den mittelmäßigen Figuren von Wilhelm Genazino hat sich bereits der Wahn eingeschlichen. Das Motto des zweiten Bandes der *Abschaffel-Trilogie*[34] bildet ein Wort Robert Walsers: „Ich bin einer der Vielen, und das gerade finde ich so seltsam". Es beschreibt die unglaubliche Verbindung von Mittelmaß und Wahn, der sich etliche weitere anschließen. Der Protagonist Abschaffel hat ähnlich wie die späteren Romanfiguren das vertraute Gefühl, verrückt zu werden. Das Andersartige in Form der Verrücktheit ist ein Kennzeichen der Figurenkonstellation Wilhelm Genazinos. Alle Protagonisten beobachten die verschiedenen Ausprägungen der Verrücktheit bei anderen Figuren, bei sich selbst und erproben dies an der eigenen Person. Zu diesen

32 Siehe ebd. S. 276.
33 Vgl. Marx, Friedhelm S. 61.
34 Siehe Genazino, Wilhelm: Abschaffel S. 159.

Verrücktheiten der Protagonisten gehört etwa das Ver-Lesen von Ankündigungen, Schriftzügen und Text- und Schriftstücken in ihrer Umgebung.[35] Dieser „Freudsche Verleser", wenn man es in Anspielung auf den Freudschen Versprecher sieht, bildet die Abweichung und Verrückung im alltäglich Normalen. In diese Abweichung fügt sich die Spur des Begehrens ein, in der der Wunsch geäußert wird, verrückt zu werden.

Einen Beleg für diesen Wunsch findet man im Roman *Das Glück in glücksfernen Zeiten*, wo er entsprechend ausgeführt wird. Der Ich-Erzähler platziert eine Scheibe Brot in seiner Jackentasche und wartet auf die Begegnung mit einem Bekannten. Bei der Begegnung will er dem Bekannten anstatt der Hand das Brotstück hinreichen. Wahrhaftig begegnet ihm eine frühere Geliebte, die er mit der Brotscheibe überrascht.[36] Hierbei liegt eine Form kommunikativer Verrückung vor, die an die Stelle des Belanglosen tritt und ein Zeichen setzt. Die Auflösung der Szene ist ernüchternd. Es zeigt sich Unverständnis von Seiten der ehemals Geliebten und Sprachlosigkeit des Protagonisten. Sein Versuch dabei, Halt an den Gegenständen[37] zu suchen, bewegt die Lebensgefährtin des Protagonisten dazu, ihn sogleich in eine Psychiatrische Klinik zu verbringen. Die Gegenstände, hier eine Brotscheibe, führen letztlich nicht zur Befreiung, sondern zur Einweisung in eine psychiatrische Anstalt. Die Institution Anstalt unterscheidet sich nicht explizit von der freien Wildbahn der restbürgerlichen Gesellschaft. Das Stigma des Wahns des Protagonisten wird nicht weiter ausgedehnt, es ist nicht das Erkennungsmerkmal eines Ausnahmemenschen, sondern es bildet ein kleines kurzfristig verstörendes Sonderbarkeitszeichen. Das abfallende Ohr und der Verlust des kleinen Zehs in *Mittelmäßiges Heimweh* wirken befremdlich, rufen aber letztlich kein besonderes Aufsehen hervor. Die Romanfiguren Genazinos stemmen sich gegen die Monotonie des Lebens, indem sie Verrückungen anstreben, Bündnisse mit Dingen oder Tieren ihrer meist urbanen Umgebung

35 Vgl. dazu Krauss, Hannes S. 11-19.

36 Siehe Genazino, Wilhelm: Das Glück in glücksfernen Zeiten. S. 127 f.

37 Auch der Versuch, die von der Verrückung gezeichnete Psyche durch ein Bündnis mit den Dingen zu stabilisieren, findet sich von Anfang an in den Romanen Wilhelm Genazinos. Im Abschaffel heißt es: „Das Anschauen der Gegenstände beruhigte ihn mehr und mehr." Wilhelm Genazino: Abschaffel S. 451.

eingehen. Die Romane von Wilhelm Genazino versöhnen sich nicht mit dem Mittelmaß und dem darin enthaltenen Wahn und lassen sich nicht von diesen vereinnahmen. Sie verhelfen vielmehr zu einer Befreiung durch ihre genaue Beobachtung und leisten Widerstand gegen die „Verstaubung" des alltäglichen Lebens.

Ich stimme Friedhelm Marx in Bezug auf seine Überlegungen zur Kategorie des Wahns zu, da das Pathologisieren von Gesellschaftskritik, diese im Keim zu ersticken versucht. Der „Ausnahmemensch" als Genie existiert nicht mehr, die Figuren in *Mittelmäßiges Heimweh* und *Das Glück in glücksfernen Zeiten* weisen lediglich verstörende Sonderbarkeitszeichen auf, die sie als Abwehr gegen die Monotonie des Normalen aufbringen.

1.2.4 Sozialer Tod und gesellschaftlicher Diskurs in *Mittelmäßiges Heimweh*

Dana Pfeiferová beleuchtet die Metaphern des sozialen Todes in Wilhelm Genazinos Roman *Mittelmäßiges Heimweh*.[38] Dabei wählt sie eine kulturgeschichtliche Interpretation ihrer Arbeit. Ihre These ist, dass der Autor Wilhelm Genazino bei der Verfassung seines Romans die beruflichen Erfolge in der Lebensbilanz des Protagonisten nicht explizit hervorhebe, sondern dessen schwierige private Situation. Der Protagonist Dieter Rotmund ist zum Finanzdirektor befördert worden und hat ein Büro für sich allein mit seiner persönlichen Sekretärin zugeteilt bekommen. Dennoch fällt der Blickpunkt auf die privaten Verluste außerhalb der Arbeitswelt. Es sind Niederlagen, die oft durch Todesmetaphern näher betont werden. Dana Pfeiferová betrachtet die sozialen Bindungen und deren Auflösung in *Mittelmäßiges Heimweh* näher. Dabei greift sie in Bezug auf die Todesmetaphorik auf die Arbeit

38 Vgl. Pfeiferová, Dana: „Ich frage mich, ob aus dem simulierten ein wirklicher Tod werden kann, wenn er zu lange anhält." Metaphern des sozialen Todes in Wilhelm Genazinos Roman *Mittelmäßiges Heimweh*, in: Andrea Bartl und Friedhelm Marx (Hrsg.): Verstehensanfänge. Das literarische Werk Wilhelm Genazinos. Poiesis. Standpunkte der Gegenwartsliteratur. Wallstein Verlag Göttingen 2011. S. 85 f.

von Thomas Macho zurück.[39] Der Tod fungiert hier als soziales Ereignis. Die Prämisse von Thomas Machos Studie ist, dass der Tod sich der Erfahrung verschließe. Dabei versucht er sich dem Begriff des Todes, den er als Metapher betrachtet, über verwandte Grenzerfahrungen anzunähern. Diese Grenzerfahrungen sind in der Wirklichkeit beheimatet, und ihre Präsentation kann als Umschreibung des Todes gedeutet werden. Aufgrund ihrer Verbindung mit der Existenz des Menschen als Teil der Gesellschaft, sei die einzige verifizierbare Erfahrung des Todes der soziale Tod. „Metaphorische Erinnerungen an Grenzerfahrungen erfüllen den leeren Todesbegriff. Der Tod dechiffriert sich als sozialer Tod; über einen alternativen Todesbegriff verfügen wir nicht."[40]

In seiner Arbeit „Metaphorologie des sozialen Todes"[41] beschäftigt sich Thomas Macho mit Grenzerfahrungen aus dem anthropologischen Bereich, unterschiedliche Erfahrungen der Einsamkeit, Grenzerfahrungen im Zusammenhang der sozialen Organisation und mit jenen im Bereich verschiedener Wahrnehmungen. Dana Pfeiferová stützt sich bei ihrer Arbeit auf Thomas Machos einzelne Untersuchungen der Metaphorik der Grenzerfahrungen (Trennung, Trauer, Krankheit, Schmerz, Wahnsinn, Erotik) oder der entsprechenden Bilder aus diesem Umfeld (Metaphern der Behinderung) zur Analyse einiger Todesbilder in *Mittelmäßiges Heimweh.*

Schon der Romantitel des Romans *Mittelmäßiges Heimweh* enthält eine Kodierung und verweist auf eine gescheiterte Beziehung:

> Früher war klar, daß die Sehnsucht dem Heimweh vorausgeht. Du liebst eine Frau, dadurch entsteht Sehnsucht. Indem sich die Sehnsucht zeigt, bildet sich nebenbei auch Heimweh nach der Landschaft oder der Stadt, in der die geliebte Frau zu Hause ist. Indem du die Frau liebst, wird die Sehnsucht gestillt, und das Heimweh verschwindet. So einfach war das einmal. Zuerst wurde die Sehnsucht mittelmäßig, jetzt auch das Heimweh.[42]

39 Siehe Macho, Thomas H.: Todesmetaphern. Zur Logik der Grenzerfahrung. Frankfurt am Main 1987.
40 Siehe Macho, Thomas H. S. 229.
41 Siehe ebd. S. 230.
42 Siehe Genazino, Wilhelm: Mittelmäßiges Heimweh. S. 182. Vgl. auch S. 112.

Das Thema, die Auseinandersetzung mit der gescheiterten Ehe, sowie die starke bildhafte Darstellung, verweist auf eine Gleichsetzung von Sehnsucht und Heimweh. Dabei machen die Todesmetaphern laut Dana Pfeiferová einen großen Teil der Romanmetaphorik aus.[43] Das Buch erzähle eine Verlustgeschichte durch Verlustgeschichten. Den Anfang des Verlusts bildet das skurrile Ereignis des verlorenen linken Ohres des Protagonisten. Dana Pfeiferová sieht hier eine Parallele zum Roman *Die Verwandlung* von Franz Kafka. In der *Abschaffel-Trilogie* diente Kafkas Verwandlung als Paradigma für die Romanhandlung, in *Mittelmäßiges Heimweh* dagegen wird das Motiv der Verunstaltung herangezogen.[44] Durch dieses surreale Element am Anfang des Romans entsteht eine Aufforderung des Lesers zum entschlüsseln.

Einen Schlüssel dazu bietet der reflektierende Ich-Erzähler mit seinen zahlreichen Kommentaren an.[45] Zum Ohrverlust bemerkt er: „Ich sage mir vor, was gerade geschehen ist: Du hast im überstarken Lärm eines Lokals ein Ohr verloren."[46] Dem Fußballgebrüll kann der lärmgeplagte Protagonist nicht mehr zuhören, ihm ist im wahrsten Sinne des Wortes ein Ohr abgefallen. Im Ohrverlust drückt sich seine Verweigerungsstrategie aus. Der Verlust des Körperteils wird im Verlauf des Romans in den existentiellen Kontext eingefügt. Im Kontext verweist er metonymisch auf „eine bösartige Tragödie"[47] und beschreibt als sichtbares „Seltsamkeitszeichen"[48] den bevorstehen Ausschluss des Protagonisten aus der Gemeinschaft. Dieser Ausschluss aus der Gemeinschaft bildet nach Thomas Macho den sozialen Tod und wird damit auch der Umschreibung des physischen Todes zugeordnet. Das

43 Vgl. Pfeiferová, Dana S. 87.

44 Zu Kafka-Referenzen in den Texten Wilhelm Genazinos vgl. Krauss, Hannes S. 16 f. , sowie Amann, Wilhelm: „Doppelleben". Begründung von Autorschaft in Wilhelm Genazinos *Eine Frau, eine Wohnung, ein Roman*, in: Heinz Ludwig Arnold (Hrsg.): Wilhelm Genazino. Edition Text + Kritik 162. München 2004. S. 91.

45 In der Sekundärliteratur wurde das Reflektieren auf der Figuren- oder gar Erzähler-Ebene als wichtigstes Merkmal des ästhetischen Konzepts festgelegt. So spricht etwa Roman Bucheli den Büchern Genazinos seit den 1990er Jahren den „Status der Selbstreflexivität" zu, die die narrative Darstellungsweise der früheren Texte ersetzt hat. Durch diesen Poetikwandel wird der Leser aufgefordert, die fragmentarische Geschichte selbst zusammenzusetzen. Vgl. Bucheli, Roman S. 50.

46 Siehe Genazino, Wilhelm: Mittelmäßiges Heimweh S. 10.

47 Siehe ebd.

48 Siehe ebd. S. 19.

Gefühl der Isolation findet sich auch in *Mittelmäßiges Heimweh* wieder. Hier wird es, vom Ohrverlust begleitet, mit dem Tod verknüpft:

> Ich betrachte die peinlichen Bilder deswegen so unerbittlich, weil ich mich mit ihrer Hilfe auf die Sang- und Klanglosigkeit vorbereite, mit der ich demnächst wahrscheinlich sterben werde. Seit ich ein Ohr weniger habe, schließe ich immer mal wieder in meiner Phantasie mein Leben ab.[49]

Bald stellt sich heraus, um mit Thomas H. Macho zu sprechen, dass die Grenzerfahrung aus dem anthropologischen Bereich auf eine gestörte soziale Organisation hinweist. Der surreale Verlust der linken Ohrmuschel deutet auf eine schwerwiegende Kommunikationsstörung hin, im Zusammenhang mit der zu lauten Fußballgemeinschaft.[50] Auch Dieter Rotmunds Ehekrise führt zum Ausschluss:

> Ich stütze mich auf und betrachte Ediths Rücken. Es ist völlig klar, daß ich jetzt der Käfer bin, der auf einer fremden Zeitung liegt und sich fragt, wie lange er sich tot stellen kann oder soll. Dabei habe ich darauf geachtet, daß ich Edith nicht meine Ohrklappe zuwende. Ich fühle mich momentweise so abstoßend, daß ich glaube, niemand wolle mehr etwas mit mir zu tun haben. Ich verlasse das Bett und das Zimmer, ziehe mich notdürftig an und gehe aus dem Haus.[51]

Unmittelbar nach dieser Zurückweisung teilt ihm Edith mit, sie könne seine Stimme nicht mehr ertragen. Jetzt ist dem Ich-Erzähler ein weiteres Kommunikationsmittel verlorengegangen. Weitere Ausschlüsse folgen durch den neuen Liebhaber Ediths und die erschwerten Kontakte zu seiner kleinen Tochter Sabine. Ediths Auflösung der gemeinsamen Wohnung im Schwarzwald bildet den Gipfel der Entwurzelung des Protagonisten.

Kontrastierend dazu wirkt sich die berufliche Entwicklung von Dieter Rotmund aus. Er wird zum Finanzdirektor eines kleinen Pharmaunternehmens befördert. Der Ohrverlust scheint in der beruflichen Lebenswelt nicht irritierend zu sein:

---

49 Siehe ebd. S. 20.

50 Das fehlende Ohr deutet im Sinne des ästhetischen Verfahrens des Autors, wie er es in seinem Essay zur Psychoanalyse in der Literatur definiert hat, auf die Innenwelt des Protagonisten hin. „Unser inneres Erleben braucht äußerliche Objekte, an denen und mit denen es sich formen und zum Ausdruck seiner selbst kommen kann." Genazino, Wilhelm: Karnickel und Fliederbürste, violett. Kiel 2001. S. 30.

51 Siehe Genazino, Wilhelm: Mittelmäßiges Heimweh. S. 35.

> Ich überlege, ob ich anders durch die Welt gehe, seit ich weiß, daß ich ein werdender Finanzdirektor bin. [...] Daß mir ein Ohr fehlt, erfreut mich plötzlich, weil ich mit einem Ohr und einer Ohrklappe meinem Vater nicht mehr so stark ähnele wie früher.[52]

Während der Ohrverlust im Privatleben die allmähliche Vereinsamung des Protagonisten ankündigt, strebt sie im Arbeitsleben den Weg seiner Individualisierung an: Der Erfolg am Arbeitsplatz hat seinen „Defekt“[53] umgewandelt in ein individuelles Zeichen. Hingegen deutet das Verlustzeichen im Privatleben darauf hin, dass der Schmerz über die Trennung der Frau und die daraus folgende Einsamkeit noch nicht überwunden werden kann. Folglich überlegt sich der Protagonist private Überwindungsstrategien, um sozialen Anschluss zu finden. Dazu zählt etwa eine Urlaubsreise, die er in Betracht zieht. Jedoch schrecken ihn andere Kunden im von ihm besuchten Reisebüro davon ab. „Es beschleicht mich wieder das Gefühl einer kurz bevorstehenden Abtrennung von der Welt“.[54] Nicht um jeden Preis will er seine Einsamkeit überwinden. Auch vor der Trennung war er kein geselliger Mensch. Schon die Verweigerung des Treffens mit den Nachbarn im Schwarzwald wurde ihm von seiner Frau als Hochmut vorgeworfen.[55]

Vor dem Verlust eines weiteren Körperteils, der kleine Zeh des rechten Fußes, während des Schwimmens, gibt es eine wiederholte Kontaktverweigerung.[56] Vor dem erneuten Verlust eines Körperteils erfolgt eine Selbstreflexion über die Gefühlskälte. Damit wird ein Kausalzusammenhang zwischen dem Verlust eines Fußzehs und dem bewussten Ausschluss hergestellt: Der anthropologische Defekt wird als Folge der sozialen Grenzposition gedeutet. Aufgrund des Verlustes eines Körperteils folgen Verlustängste bezüglich der Arbeitsstelle:

> Ich möchte nicht derjenige sein, an dessen Körper eine neue Seuche (oder was immer es sein wird) für die Allgemeinheit entdeckt wird. Vermutlich

52 Siehe ebd. S. 84.
53 Siehe ebd. S. 130.
54 Siehe ebd. S. 85.
55 Vgl. ebd. S. 119.
56 „Verweigerte Zugehörigkeit“ ist typisches Merkmal der Protagonisten von Wilhelm Genazino. Vgl. dazu Spreckelsen, Tilman: Manche möchten lieber nicht. Gesellschaftliche Teilhabe und Initiation in den Romanen Wilhelm Genazinos, in: Heinz Ludwig Arnold (Hrsg.): Wilhelm Genazino. Edition Text + Kritik 162. München 2004. S. 79-86, insbesondere S. 81.

> würde man mich sofort in Quarantäne stecken und dort bemerken, daß mir nicht nur ein Zeh, sondern auch ein Ohr fehlt. Ich wäre längere Zeit in medizinischem Gewahrsam und würde vermutlich meine Stelle verlieren. Einen Finanzdirektor mit verschwundenem Ohr und fehlendem Zeh würde keine Firma dulden können.[57]

Die drohende Isolation der Kranken als Vorgriff des sozialen Todes wird in dieser Reflexion des Protagonisten deutlich und mit Ironie versehen. Thomas Macho diagnostiziert eine Ausgliederung der Kranken aus der Gesellschaft, die Krankheit wird somit zur Vorstufe des sozialen Todes:

> Krankheit symbolisiert die Grenze des sozialen Körpers. Die Zugehörigkeitsanforderungen werden reduziert; jeder Schmerz individualisiert, er bleibt noch dem ‚mitleidigsten' Menschen unvertretbar. In der Krankheit sind wir allein. Diese Einsamkeit kann auch als soziale Verweigerung wirken: als Leichenmimesis schlechthin, als infektiöse Drohung. Krankheiten können sakralisiert oder diskriminiert werden.[58]

Rettung vor der Isolation sucht der Protagonist bei den weiblichen Figuren im Roman. Er empfindet Sympathien für diese, besonders für seine Kollegin Frau Grünewald. Jedoch scheut er eine weitere Kontaktaufnahme, da er Angst vor einem erneuten Trennungsschmerz hat. Die Angst vor der Zuwendung verhindert die Überwindung der Isolation. Es entstehen Todesängste, die sich durch die verschiedenen Bilder der Vereinsamung manifestieren. Der Ich-Erzähler verändert sich in ein idiosynkratisches Ich am Rande der Sprach- und Orientierungslosigkeit, das sein Verschwinden wahrnimmt. Der vollkommene soziale Ausschluss wird expressis verbis durch das Zeichen des folgenden physischen Todes bemerkt: „Seit Tagen besteht meine größte Angst nicht mehr darin, die Sprache zu verlieren, sondern irgendwo in einer fremden Straße umzufallen und nicht mehr aufstehen zu können. Für Sekunden sehe ich darin die Unbeholfenheit meines zukünftigen Sterbens."[59] Diesen Gedanken des Protagonisten löste eine Beobachtung von behinderten Menschen in seinem Umfeld aus und die Erkenntnis, dass auch er eine Behinderung hat. Die Behinderten-Metaphorik ver-

57 Siehe Genazino, Wilhelm: Mittelmäßiges Heimweh. S. 90 f.

58 Siehe Macho, Thomas H. S. 331.

59 Siehe Genazino, Wilhelm: Mittelmäßiges Heimweh. S. 98 f.

bindet sich teilweise mit der Todesmetaphorik laut Dana Pfeiferová.[60] Beim Protagonisten entsteht eine Angst, ausgemustert zu werden oder allein und verlassen zu sterben. Diese Angst verknüpft sich mit der Angst, mit anderen Ausgeschlossenen gleichgesetzt zu werden. Um der Gleichsetzung zu entkommen, übt er Vermeidungsstrategien aus:

> Auf dem Heimweg achte ich darauf, daß ich nicht mehr als drei Bettlern, Obdachlosen oder Betrunkenen begegne. Ich gehe durch vergleichsweise elegante Straßen, die von Deklassierten kaum benutzt werden. Wieder überlege ich, ob man inzwischen mehr Kranke oder Arme auf den Straßen sieht.[61]

Die sozialkritische Intention des Romans wird hierbei durch das Außenseitertum als gesellschaftliches Phänomen betont. Die individuelle Einsamkeit wird im weiteren Verlauf des Romans kontinuierlich fortgesetzt. Metaphern aus dem anthropologischen Bereich ergänzen die Eindrücke der sozialen Grenzerfahrung. Die Handlungszeit des Hoch- und Spätsommers beinhaltet eine Allegorie. Es scheint für den Protagonisten hier seine letzte Lebensphase zu beginnen. Entsprechend verzichtet er auf sexuellen Kontakt nicht aus Angst vor Zurückweisung, sondern aufgrund körperlicher Schwäche: „Wenn mein Leben so in Unordnung ist wie zur Zeit, kann ich ohnehin kaum beischlafen. […] Obwohl ich mir mit meinen dreiundvierzig Jahren dafür noch zu jung vorkomme, betrete ich jetzt schon das weite Feld der vorzeitigen Ermüdungen.“[62]

Einen Wendepunkt im Roman bildet der Kontakt zu Sonja Schweitzer, die ihm über seine Ängste hinweg hilft. Es findet eine Umkehrung der Bildlichkeit von Außen- und Innenräumen statt. Die Außenwelt bildete für ihn einen sicheren Raum, der bei seinen Streifzügen durch die Stadt Beruhigung und Trost spendete, während seine Innenwelt von Unruhe geprägt wurde. Sein inneres Gleichgewicht ist durch den beruflichen Erfolg und die Beziehung zu Sonja revidiert worden.

> Auch in den Straßen zeigt sich die Drangsal der Spätsommernächte. Leere Bierflaschen stehen auf Mauervorsprüngen, Glassplitter liegen in Hauseingängen, Kondome im Gebüsch, Erbrochenes zwischen geparkten Au-

60 Vgl. Pfeiferová, Dana S. 91.

61 Siehe Genazino, Wilhelm: Mittelmäßiges Heimweh. S. 119.

62 Siehe ebd. S. 122.

> tos. Im Vergleich zu diesen Zeichen erscheint mein Leben diszipliniert und geradlinig, wofür ich an diesem Morgen eine gewisse Dankbarkeit empfinde. Sie gilt meinen Arbeitsverhältnissen, die einen zunehmend haltbaren Eindruck auf mich machen, und auch – Sonja.[63]

Dana Pfeiferová erkennt im Zusammenhang mit der Raumsymbolik noch einen weiteren Aspekt.[64] Die Wohnung Dieter Rotmunds ist nicht nur sein Wohnraum, sondern auch Sonja Schweitzers, denn sie war die Vormieterin seiner Wohnung. Sie hat eine rettende Rolle eingenommen, indem sie als geliebte Frau dem Protagonisten Geborgenheit vermittelt. Hierbei existiert eine Parallelität von Sehnsucht und Heimweh.

Obwohl Dieter Rotmund seine Beziehung zu Sonja Schweitzer pflegt, bestürzt ihn der Anblick des neuen Partners seiner Kollegin Frau Grünewald. Wieder fühlt er sich versetzt und verlassen. Die Vorhersehung des eigenen Todes ist die Folge seines Selbstmitleids.

> Ich setze mich ein wenig abseits auf eine Bank und schluchzte gegen meinen Willen. Es war ein eigenartig stoßendes Schluchzen, das sich anfühlte wie Atemnot oder wie eine sich anbahnende Erstickung. Es war, als hätte ich meinen Tod hingenommen und wartete jetzt nur noch darauf, daß er endlich eintrat.[65]

Die Melancholie[66] des Protagonisten basiert auf seiner Familiengeschichte, indem er bemerkt, er sei „bereits selbst auf der Trauerspur der Mutter".[67] Um dieser Trauerspur zu entkommen, sucht er Abmilderung bei Gegenständen und Orten. Der Bahnhof bildet hierbei einen besonderen Ort, da hier die Symbolik der Begegnungen und des Abschieds besonders stark ausgeprägt sind. Jedoch findet er in dem symbolträchtigen Raum des Bahnhofs keinen Trost. Drei Momentaufnahmen menschlicher Handlung werden durch seine Wahrnehmung enttäuscht. „[D]er auf meine Pfirsiche hustende Obsthändler, das mit meiner Serviette zurückgestaute Blut und der eisleckende Hund"[68] er-

63 Siehe ebd. S. 126.

64 Vgl. Pfeiferová, Dana S. 92.

65 Siehe Genazino, Wilhelm: Mittelmäßiges Heimweh. S. 132 f.

66 Zur Melancholie der Protagonisten bei Wilhelm Genazino vgl. insbesondere Hirsch, Anja: „Schwebeglück der Literatur". Der Erzähler Wilhelm Genazino. Heidelberg 2006. S. 31.

67 Siehe Genazino, Wilhelm: Mittelmäßiges Heimweh. S. 147.

68 Siehe ebd. S. 152.

zeugen das Gefühl der eigenen Sterblichkeit und lösen die Angst vor der Geisteskrankheit aus. Aus dieser Angst holt ihn Sonja heraus.

Eine Verbindung zwischen Dieter Rotmund und Sonja Schweitzer besteht in der Gemeinsamkeit eines körperlichen Defekts bei beiden Figuren. Der Protagonist deutet dies als Zeichen der Nähe und resümiert, ob es dadurch eine Grundlage für eine neue Liebesbeziehung geben kann:

> Hat Sonja bei einer Krebsoperation eine Brust eingebüßt oder ist ihr, weil sie an der gleichen Krankheit leidet wie ich, eine Brust einfach abgefallen? Schon hoffe ich, daß unsere Intimität bald zu Gesprächen über unseren (wie soll ich sagen) Teilkörperverlust (oder besser) Körperteilverlust führen wird. Es entsteht in diesen Augenblicken die Möglichkeit, daß Sonja für mich der erste (und vielleicht einzige) Mensch sein wird, mit dem ich über mein schon so lange umhergetragenes Entsetzen werde sprechen können.[69]

Somit hat ihn Sonja aus seiner Sprachlosigkeit in Folge des Sprachverbots durch Edith erlöst. Unterdrückte Emotionen dringen vom Unterbewusstsein in das Bewusstsein vor. Es ist die Überwindung der Einsamkeit von Dieter Rotmund. Gleichzeitig verlieren die Todesbilder ihre bedrohliche Form. Kommen diese Bilder in dem Protagonisten hoch, kann er sie abwehren. Besonders deutlich wird diese Abwehr durch eine Amsel, die der Protagonist tot auf seinem Balkon vorfindet. Obwohl die Amsel hier als Todesbote auftritt, kann sie ihn nicht beunruhigen. In der gleichnamigen Novelle von Robert Musil fungiert die Amsel als Todesbote.[70]

> Eigenartig, die Amsel hat sich meinen Balkon als Sterbestätte ausgesucht. Ich sehe darin ein Zeichen für das endgültige Ende mit Edith. Dann fällt mir ein, wie töricht die Idee ist, den Tod der Amsel mit meiner Ehe in Verbindung zu bringen. Meine Güte, was für ein altes Gedankengerümpel trägst du in deinem Kopf herum. Genauso idiotisch ist die Vorstellung, die Amsel hätte sich meinen Balkon als Sterbestätte ausgesucht.[71]

Nach seiner Stabilisierung erleidet Dieter Rotmund erneut einen Rückschlag. Seine neue Partnerin kommt wegen Kreditkartenbetruges

---

69 Siehe ebd. S. 162 f.

70 Vgl. Musil, Robert: Die Amsel. 13. Auflage. Rowohlt Verlag Reinbek bei Hamburg 2000.

71 Siehe Genazino, Wilhelm: Mittelmäßiges Heimweh. S. 172 f.

in Untersuchungshaft. Nicht die beschädigte Körperlichkeit, sondern die soziale Grenzlage sorgte für eine Wahlverwandtschaft der beiden.

Erst seine Beziehung zu der Ausgeschlossenen Sonja, deren Geheimnis er bis zuletzt nicht erfährt, verhilft ihm zu mehr Zuversicht und Selbstbewusstsein. Ihm wird bewusst, dass er alleine und ohne Beziehungen zu Frauen an seiner Seite nicht weiterleben kann.

> Als bloßer Wandererotiker bin ich inzwischen zu ungeduldig und auch zu unlustig. Ich bin in den letzten Monaten ein wenig erlebensmüde geworden. Gleichzeitig weiß ich, daß ich absterben werde, wenn ich mich nicht in eine neue Frau einwurzeln kann. Es ist entsetzlich und großartig.[72]

Die Liebe oder die Erotik bahnen sich ihren Weg in Dieter Rotmunds Leben und ermöglichen damit seine Gefühle der Einsamkeit und der Ausgeschlossenheit zu bannen. Für ihn entsteht dadurch auch eine Loslösung von der Starre der alten Beziehungen und damit der Todesmetaphern und er kann sich von diesem Zeitpunkt an neuen zwischenmenschlichen Beziehungen öffnen. Daher stimme ich Dana Pfeiferová zu, indem sie diese psychische Entwicklung des Protagonisten anhand seiner Innenwelt beleuchtet.

1.2.5 Identitätsbildung durch Kleidung in *Das Glück in glücksfernen Zeiten*

Anne Schmuck geht in ihrer kulturgeschichtlichen Interpretation auf die Bedeutung von Kleidung in den Romanen von Wilhelm Genazino ein.[73] „Kleider bilden die Gestalt des Menschen nach. Ihre Menschenähnlichkeit flößt uns Vertrauen ein."[74] In Verbindung mit den Romanfiguren bilden sie menschliche Ausdrucksweisen und Ideen aus. Anne Schmuck konstatiert hierbei zwei Aspekte, die damit ausgedrückt wer-

72 Siehe ebd. S. 186.

73 Vgl. Schmuck, Anne: Poetische Doppelgänger. Bedeutung und Funktion von Kleidung in ausgewählten Romanen Wilhelm Genazinos, in: Andrea Bartl und Friedhelm Marx (Hrsg.): Verstehensanfänge. Das literarische Werk Wilhelm Genazinos. Poiesis. Standpunkte der Gegenwartsliteratur. Wallstein Verlag Göttingen 2011. S. 225 f.

74 Siehe Genazino, Wilhelm: Die Belebung der toten Winkel. Frankfurter Poetikvorlesungen. Hanser Verlag München 2006. S. 27.

den. Auf der einen Seite wird der enge Bezug zwischen Kleidung und menschlicher Gestalt mitsamt dem menschlichen Körper formuliert, andererseits verweist der temporäre Modus dieser Passage auf ein der Kleidung innewohnendes Eigenleben, das auch den Träger und dessen Identität in sich bewahrt. In Bezug auf das Eingangszitat von Wilhelm Genazino lässt sich folgende Formel generieren: „Kleidung bildet nicht nur die Gestalt des Menschen nach, sondern, fungiert als dessen Gestalt gewordener Doppelgänger."[75]

Folglich beschäftigt sich die Frage nach der Funktion von Kleidung im gesellschaftlichen Kontext mit der Relevanz von Kleidung bei der Herausbildung personaler Identität. Im kulturphilosophischen Kontext dient Kleidung dem Schutz des Körpers vor Klima- und Umwelteinflüssen, seiner Bedeckung, Verhüllung und Inszenierung, sie gibt Gruppenzugehörigkeit an und bringt letztlich Identität hervor. Marita Bombek bemerkt in ihrer Arbeit „Kleider der Vernunft": „Was Menschen am Leib tragen, artikuliert Weltverständnis und Selbstverständnis, präsentiert diese Selbst- und Welt-Beziehungen und konstruiert sie zugleich."[76] Im Zusammenhang mit dieser Betrachtung von Identitätsdiskursen und –Problematiken kommt die Bedeutung des Körperlichen und damit der Kleidung in den Blickpunkt. Zunächst im Kontext der gender studies[77] erlangen der Körperkult und die körperliche Selbstinszenierung in den Kulturwissenschaften mehr Bedeutung. Besonders die sozial lesbare Fläche, die das Individuum durch Ausschmückungen verändern und bewegen kann, wird hierbei näher untersucht. Kleidung steht somit für personale Identität.

Analog zum „Ding-Diskurs"[78] in der Forschung kann die menschliche Kleidung auch als Diskussionsgegenstand herangezogen werden. „Die Kleidung wird durch die Ausweitung unseres Empfindens in anverleibte Gegenstände (Externalisation) zum äußeren Bereich der Lei-

---

75 Siehe Schmuck, Anne S. 225.

76 Siehe Bombek, Marita: Kleider der Vernunft. Die Vorgeschichte bürgerlicher Präsentation und Repräsentation in der Kleidung. Münster 2005. S. 1.

77 Siehe dazu die Diskussionen um Geschlechtsidentitäten und Geschlechtsmerkmale von Judith Butler. Vgl. Butler, Judith: Bodies that matter. On the discursive limits of „sex". New York 1993.

78 Siehe Fischer, Melanie: Ding-Diskurs. Darstellung der Dingwelt bei Wilhelm Genazino. Waterloo 2004. https://uwspace.uwaterloo.ca/handle/10012/752 (abgerufen am 06.07.2017)

beserscheinung; man kann nicht mit Recht von einem Kleider-Ich sprechen."[79] Auch Wilhelm Genazino greift den Gedanken von Franz Kiener auf, wenn er die Bedeutung von Kleidung für seine Figuren darlegt:

> Kleidung wird von den Protagonisten als zum Körper gehörig empfunden; ihr werden Funktionen und Leistungen zugesprochen oder anphantasiert, die der Körper selbst nicht oder nicht mehr hat. [...] Kleidung wird so zu einem Aspekt der Ich-Erweiterung, wie mangelhaft und fluktuierend auch immer.[80]

Das Kleidungsmotiv ist sehr eng mit der Identitätssuche der Protagonisten in den Romanen Wilhelm Genazinos verbunden. Anhand der Ausdrucksform über die eigene Identität durch die aufgetragene Kleidung und insbesondere das genaue Beobachten der eigenen Kleidung und der Kleidung anderer Figuren in den Romanen erzeugt bei den Protagonisten Beruhigung und Stabilität. Die Trennung von der eigenen Kleidung symbolisiert den Verlust von Selbstsicherheit. Ein Blickkontakt zur Kleidung, insbesondere wenn sie abgelegt wurde, dient der Vergewisserung der eigenen Identität. Der Blick löst sich von erregenden Handlungen und Gegenständen und findet einen Ruhepol im Betrachten der eigenen Kleidungsstücke.

In den Romanen pflegen die Protagonisten ein besonderes Verhältnis zu ihren Kleidern. Jacken, Hosen und Schuhe bilden für sie nicht nur „erweiterte Körperteile"[81], sondern sind Bestandteil eines „affektiven Pakts"[82], innerhalb dessen sie Elemente der oft beschädigten Identität ihrer Träger verkörpern und auch nach ihrem Ablegen als deren „Repräsentanten und Stellvertreter" auftreten.[83] Im Motiv der Kleidung versammeln sich vielschichtige Bezüge zu zentralen Topoi Wilhelm Genazinos: das Motiv der Körperscham und damit verknüpft des Ekels, der Sexualität und letztlich der „gedehnte Blick" des Protagonisten, der als Medium der Rekonstruktion von Identität fungiert.

79 Siehe Kiener, Franz: Kleidung, Mode und Mensch. Versuch einer psychologischen Deutung. München 1965. S. 10.

80 Siehe Genazino, Wilhelm: Die Belebung der toten Winkel. S. 29 f.

81 Siehe Genazino, Wilhelm: Ein Regenschirm für diesen Tag. München 2003. S. 82.

82 Siehe Genazino, Wilhelm: Die Belebung der toten Winkel. S. 27.

83 Siehe ebd. S. 27.

Eine besondere Bedeutung hat die Jacke für den Protagonisten im Roman *Ein Regenschirm für diesen Tag.* Die Jacke bildet das Verbindungsglied zwischen dem Protagonisten und einem Gebüsch, weil sie selbst als zum eigenen Körper zugehörig empfunden wird. Die Jacke verwandelt sich zum „symbolischen Doppelgänger"[84] des Ich-Erzählers. Das Kleidungsstück bannt die Gefühle der Fremdheit und der Angst.

> Wenn das Gefühl eines Tages zu stark wird, werde ich hingehen und meine Jacke in das Gestrüpp werfen. Ich möchte die Jacke als Zeichen zwischen den Ästen liegen sehen. Das Bild wird ganz eindeutig sein und doch von niemandem erkannt werden. Ich werde, wann immer ich will, an der Jacke vorübergehen und sie dabei bestaunen können, wie sie durch immer neue Schmerzverarbeitung zwar älter und unansehlicher, in Wahrheit aber so unüberwindbar wie das Gestrüpp wird.[85]

In der Trennung von seiner Jacke als Bestandteil der eigenen Identität wird Transformation und Distanzierung gleichzeitig ausgedrückt. Es findet eine Übertragung der die Identität bedrohenden Gefühle auf ein Kleidungsstück statt, was dem Protagonisten ermöglicht, Abstand vom eigenen Ich zu nehmen. Durch diese Aufspaltung seiner Person wird zwar das Gefühl der eigenen Sterblichkeit hervorgerufen, jedoch aber gerade dadurch Identität geschaffen: „Ich werde die Jacke wie meinen überlebenden Doppelgänger bewundern und dabei, jedenfalls momentweise, schmerzfrei sein."[86]

Wilhelm Genazino entwickelt in seiner Poetik-Vorlesung an der Universität Frankfurt am Main ein vierteiliges Interpretationsmodell, das sich mit den Bereichen Trennung, Überwindung, Rettung durch Aufspaltung und Rekonstruktion der Identität befasst.

> Wir können vier Momente in diesem Transformationsprozess unterscheiden. 1. Die Jacke ist einerseits ein symbolischer Darsteller der Alltagsfremdheit, die der Erzähler loswerden möchte. 2. Die Jacke ist zugleich ein Zeichen dessen, was er überwinden will, nämlich das Gefühl der Nichtzugehörigkeit. Erst dann, wenn ihm diese beiden Überstiege gelungen sein werden, wird er sich, so heißt es wörtlich, als seinen eigenen

84 Siehe ebd. S. 68.

85 Siehe Genazino, Wilhelm: Ein Regenschirm für diesen Tag. S. 94.

86 Siehe ebd.

> „überlebenden Doppelgänger“ fühlen dürfen, und erst als Doppelgänger seiner selbst wird er sich, so steht es im Text „bewundern“ können.[87]

Die Motivik der im Gebüsch liegenden Jacke verweist auf ein weiteres Kennzeichen dieser Identitätsproblematik hin. Die innere Unruhe und damit die Ich-Gefährdung muss in ein Bild gebannt werden, das dem Protagonisten verhilft, sich seiner Angst bewusst zu werden. Erst durch die symbolische Trennung von einem Teil seines Ichs, hier dargestellt durch die Jacke, und der daraus folgenden Distanzierung, kann er seine Umwelt wieder unverstellt betrachten und sich somit vor der gefürchteten Verrücktheit retten.

Der Protagonist des Romans *Das Glück in glücksfernen Zeiten*, Gerhard Warlich, hat aufgrund seiner beruflichen Tätigkeit permanenten Kontakt mit Wäsche und Kleidung. Als promovierter Philosoph übt er die Tätigkeit eines leitenden Angestellten in einer Großwäscherei aus. Er ist zuständig für die Verwaltung des Fuhrparks, der Waschanlagen und der Arbeitseinteilung der angestellten Kollegen. Nicht nur die Überqualifizierung, sondern auch die Langeweile sorgen für eine Gefährdung seiner beruflichen Identität. Schon gleich am Anfang des Romans reflektiert der männliche Ich-Erzähler über seine Identität.

> Bin ich ein Philosoph, ein Ästhet, ein stiller Kommunikator, ein Konzeptkünstler? Und wie kann es mir gelingen, aus einer dieser Tätigkeiten einen Beruf zu machen, der mich hinreichend ernährt und mir endlich die Gewißheit verschafft, daß ich mich in einem sinnvollen Leben befinde? In gewisser Weise steckt in dieser Frage der Kern meines Unglücks.[88]

Die Konstatierung des eigenen Unglücks bekräftigt den Wunsch nach Identität. Die Identität wird beeinträchtigt durch den Kinderwunsch seiner langjährigen Freundin Traudel. Das ersehnte Halbtagsleben des Protagonisten wird dadurch durchbrochen. „Ich habe Angst vor der Zerstörung unserer jetzt so schönen Verhältnisse. […], geht das real vorhandene Glück verloren.“[89] Das Innenleben des Protagonisten gerät damit durcheinander. Die Artikulation dieser Verunsicherung ist ihm nicht möglich. Stattdessen verhilft ihm auch hier ein Kleidungs-

87 Siehe Genazino, Wilhelm: Die Belebung der toten Winkel. S. 72.

88 Siehe Genazino, Wilhelm: Das Glück in glücksfernen Zeiten. S. 13 ff.

89 Siehe ebd. S. 30.

stück als äußerer Repräsentant seines Innenlebens bei der Überwindung.

> So ähnlich, wie Traudel über Tage hin das Verwelken der Rosen beobachtet, so ähnlich werde ich die Verwitterung meiner Hose auf dem Balkon beobachten. Ich werde die Hose auf dem Balkon aufhängen, sie dort aber nicht mehr (oder erst nach langer Zeit) wieder wegnehmen, weil ich von der Wohnung aus beobachten will, wie sich die Hose unter dem Einfluß des Wetters und des Klimas und des Staubs langsam auflöst und sich dann wieder (so stelle ich mir das vor) in einen Teil der Natur zurückentwickelt.[90]

Dieses Bild der verwitternden Hose dient als Fluchtpunkt für den Protagonisten. Anne Schmuck sieht in der Hose nicht nur den Ausdruck des Gefühlslebens des Protagonisten, sondern auch gleichzeitig das Zeichen seines Unwillens Traudels Kinderwunsch gegenüber.[91] „Im Aberglauben und Brauchtum erscheint die Hose als pars pro toto für den Mann, wie der Rock oder die Schürze für die Frau, und als Symbol des Männlichen mit starker Beziehung zum Geschlechtlichen und zur Zeugungskraft."[92] Damit belegt Anne Schmuck ihr Zeichen des Unwillens des Protagonisten.

Einen weiteren Fluchtpunkt für den Protagonisten, diesmal um dem Büroalltag zu entkommen, bildet der Auftrag seines Vorgesetzten, zwei Wäschereiausfahrer auf ihren Auslieferungsfahrten zu überwachen. Bei der Verfolgung der beiden Fahrer empfindet er das Gefühl der Befreiung und Erleichterung. Doch diese Befreiung stellt sich letztlich als Selbsttäuschung heraus. Bei der bewussten Realisierung seiner „wachsenden Unfreiheit in den Verhältnissen"[93] verwandeln sich das Glücksgefühl und die Erleichterung um in ein Gefühl der inneren Schwäche: „Ich lebe in diesen Minuten wie eine Cello-Sonate von Bach: Nirgendwo befestigt, vorüberschwebend, angeknittert, dunkel, im Kern unverständlich, obwohl jedem Menschen sofort einleuchtend."[94] In der Position des Angestellten führt er nur den Auftrag des Vorgesetzten aus und kann folglich keine eigenständigen Entscheidun-

90 Siehe ebd. S. 25.

91 Vgl. Schmuck, Anne S. 235.

92 Siehe Kiener, Franz S. 239.

93 Siehe Genazino, Wilhelm: Das Glück in glücksfernen Zeiten. S. 41.

94 Siehe ebd.

gen treffen. Die Identitätskrise durch die Erkenntnis der eigenen Ohnmacht kann er mit Hilfe der Erinnerung an die auf dem Balkon verwitternde Hose bannen. Durch die Gedanken an die Hose kann er sein erschüttertes Innenleben wieder stabilisieren.

> Gerade jetzt fällt mir meine Hose auf dem Balkon ein. Ich stelle mir ihr Bild vor (das leise Hin- und Herschwanken im Wind) und empfinde Zufriedenheit dabei. Die Hose verwittert an meiner Statt und stößt mich dadurch in eine angenehm schmerzfreie Schicksalsgleichgültigkeit hinein.[95]

Das Kleidungsstück tritt hier ebenfalls im übertragenen Sinn als Doppelgänger auf, als Vertreter der negativ konnotierten Gefühle der Unsicherheit und der Desintegration, die hierbei für den Identitätszerfall sorgen. Die Rückbesinnung an das inszenierte, bildlich gewordene Zeichen seiner gespaltenen Existenz gleicht dem Motiv der im Wind schaukelnden Kleiderbürste aus *Ein Regenschirm für diesen Tag*. Auch die Hose kann als eines der „leistungsstarken Symbole“ verstanden werden, in die die Figuren ihr „wackeliges Innenleben einklinken und dann gestärkt von dannen ziehen können.“[96] Erst mit Hilfe des „gedehnten Blicks“ verhilft es dem Protagonisten durch den Akt der Rezeption seine Ängste zu greifen und durch das Medium der Anschauung letztlich Distanz zum eigenen Ich zu gewinnen.

> Der abendliche Blick aus dem Wohnzimmerfenster zu meiner auf dem Balkon hängenden Hose gefällt mir sehr gut. Wobei es mir Probleme macht, genau zu sagen, was mir an diesem Blick gefällt. Es ist das Gefühl, das Vergehen der Zeit sei anschaulich geworden.[97]

Die langsam verwitternde Hose verbindet sich im Protagonisten mit den inneren Gedanken und dem Gefühl der eigenen Sterblichkeit.

> Ich würde gern (wenn es sowas gibt) ein Kleiderkünstler werden, besser: Ein Verwesungskünstler. Ich trage gern Kleidung, die sich mehr oder weniger erkennbar in Selbstauflösung befindet. Durch den Kleiderzerfall ist jedermann (schnell und platt gedacht) von Anfang an mit seiner Selbstauflösung vertraut, er trägt sie auf dem Leib, sie tritt prozesshaft mit dem Niedergang der Kleidung in sein Leben.[98]

95 Siehe ebd. S. 44.
96 Siehe Genazino, Wilhelm: Die Belebung der toten Winkel. S. 76.
97 Siehe Genazino, Wilhelm: Das Glück in glücksfernen Zeiten. S. 83.
98 Siehe ebd. S. 18.

Der Kleidung wird hierbei fernab von modischen Diskursen ein Zeichencharakter zugewiesen. Ihre Aufgabe besteht demnach nicht mehr nur darin, personale oder kollektive Identität zu stiften, sondern fungiert gleichzeitig als Chiffre für das Memento mori des Menschen. Kleidung kann als „stummer Begleiter" ihrer Träger den Vorgang der Selbstauflösung einerseits enttarnen aber auch verbergen: „Der merkwürdige Eifer, mit dem die Menschen ihre schadhaft gewordene Kleidung wegwerfen, ist für mich ein signifikanter Hinweis auf die Leugnung jener Vorgänge, auf die zerfallene Kleidung gerade hinweisen möchte."[99] Trotz allem präsentiert Gerhard Warlich seine eigene Vergänglichkeit nicht in der Öffentlichkeit, vielmehr verbirgt er sie unter dem Normalität suggerierenden Oberhemd. Mit dem Verbergen des für ihn behaglicheren, wenn auch verschlissenen Unterhemdes „maskiert" er sich, um den oberflächlichen Standards der Normalität der Gesellschaft zu entsprechen.

> In Wahrheit liege ich da und schaue auf mein leicht zerfetztes Unterhemd. Es gefällt mir, unter meinem tadellosen Oberhemd ein sich in Halbauflösung befindliches Unterhemd zu tragen. Das Unterhemd ist vordergründig ein Symbol für die Marterungen des Lebens, die früher oder später zu gewärtigen sind.[100]

Das Sinnbild der Marterungen des Lebens bündelt sich im verschlissenen Unterhemd, das nur im privaten Raum getragen werden darf. Angst und Fremdheit peinigen den Protagonisten immer wieder. Diese Gefühle werden hier in ein Bild gebannt, um ihrer habhaft zu werden. Indem die Unterhemden beschädigt sind, kann er seine eigenen Marterungen des Lebens auf die alten Unterhemden projizieren. „Auch neue Unterhemden führen nicht dazu, daß ich die halb aufgelösten Exemplare wegwerfe. Ich ziehe sie immer wieder an und banne meinen Lebensschrecken, indem ich ihn auf dem Leib spüre und anschaue."[101]

Die Diskrepanz zwischen Unter- und Oberhemd ist analog zu der im Gebüsch liegenden Jacke und verweist auf ein Spannungsverhältnis zwischen Verhüllung und Aufdeckung. Durch seine Tadellosigkeit erzeugt das Oberhemd Normalität und dadurch Zugehörigkeit zur kol-

99 Siehe ebd.
100 Siehe ebd. S. 17 f.
101 Siehe ebd. S. 18.

lektiven Identität. Das darunter liegende Unterhemd dagegen überführt den intakten Körper, der seine unbeschädigte Identität symbolisiert, schließlich als Illusion.

Das Prosawerk von Wilhelm Genazino ist reichhaltig bestückt mit Körper-Metaphern und deren enge Bindung an die menschliche Kleidung. Seine Protagonisten beobachten immer wieder Menschen, deren Körperlichkeit offensichtliche Mängel zeigt und die in der Kleidung ihr Spiegelbild finden. Der Protagonist in *Das Glück in glücksfernen Zeiten* beobachtet etwa gleich zu Anfang des Romans eine solche Begebenheit.

> Da sehe ich eine arme verrückte Frau auftauchen, die ich in dieser Gegend schon öfter gesehen habe. Zuerst geht sie eine Weile auf und ab. Ihre Kleidung ist schadhaft, ihr Haar strähnig, wahrscheinlich übernachtet sie im Freien. Schon ihrem starren Gang ist anzusehen, daß sie eine schwere Störung hat. Ich betrachte sie gerne, sie ist mir nah, während sie ihre Exerzitien absolviert. Denn nach dem sechsten oder siebten Hin- und Herlaufen dreht sich die Frau plötzlich nach hinten, droht mit erhobener Faust in die Gegend und stößt Beschimpfungen aus. Es ist ein schweres, druckvolles Sprechen, das kein Sprechen mehr sein kann, sondern ein schreiendes Ausstoßen von Lauten.[102]

Obwohl diese fremde Frau eine von der Gesellschaft Ausgestoßene ist, fühlt sich der Protagonist ihr nah. Ihre beschädigte Identität äußert sich durch ihre Kleidung, ihre Haare und durch ihr nichtangepasstes Verhalten in der Öffentlichkeit. Im Gegensatz zum Protagonisten hat sie die Konventionalität der Gesellschaft vollständig überwunden, indem sich Außen- und Innenwelt bei ihr gleichen. Der Protagonist hat dabei lediglich das schadhafte Unterhemd vorzuweisen, das er durch das makellose Oberhemd verdeckt. Konventionsbruch und Identitätsbeschädigung sind bei ihm offensichtlich nicht stark ausgeprägt.

Die beschädigte Kleidung der Frau deutet ebenfalls wie die sich in Selbstauflösung befindenden Unterhemden des Protagonisten auf die Sterblichkeit des Menschen hin, zugleich aber auch auf dessen beschädigte Identität. Um dieser Beschädigung zu entkommen und damit ihrem Selbstverständnis gewahr zu werden, bedienen sich die Protagonisten ihrer persönlichen Kleidungsstücke. Nicht nur die Übertragung eigener Identitätsanteile der Figuren in ihre Kleidungsstücke, verbun-

102 Siehe ebd. S. 10 ff.

den mit der Schaffung einer Doppelgänger-Existenz, sondern das Medium Bild, mit dessen Hilfe sie diese Ich-Aufspaltung erfahrbar machen, rückt dabei in den Vordergrund. Das Ungemach und die Unruhe kann jeweils durch Transformation in einen Teil ihrer Kleidung, schließlich durch Bannung in ein Bild verarbeitet werden. Der „gedehnte Blick", welcher das Beobachten der von den Protagonisten geschaffenen Bilder ermöglicht, bietet einen Ausweg aus der drohenden Identitätskrise und generiert zugleich aus der bloßen Anschauung ihres Ichs heraus schlussendlich einen Akt der Kunst, der Rettung verspricht.

Die gesellschaftliche Teilhabe und der Ausschluss durch den Symbolträger Kleidung hat Anne Schmuck dezidiert dargestellt. In Bezug auf die Identitätsstiftung innerhalb des gesellschaftlichen Kollektivs schließe ich mich ihrer Argumentation an. Kleidung dient der Verdeckung der Marterungen des Lebens, so dass sie entsprechend eine Maskierung im gesellschaftlichen Kontext darstellt.

1.2.6 Scheitern als Lebenspraxis und Kritikform in *Mittelmäßiges Heimweh*

Mit dem Phänomen des Scheiterns in Bezug auf den Roman *Mittelmäßiges Heimweh* von Wilhelm Genazino und seiner kulturellen Besonderheit im geschichtlichen Kontext beschäftigt sich Jennifer Pavlik in ihrer Arbeit.[103] Ihre Herangehensweise ist eine kulturgeschichtliche. Die Geschichte des Scheiterns beinhaltet eine negative Konnotation. Wer sich historisch im Prozess des Scheiterns befand, wurde entsprechend mit dem Verlust der göttlichen Gnade in Verbindung gebracht.[104] Obwohl der Einzelne es selbst in der Hand hatte, sich nach

103 Vgl. Pavlik, Jennifer: Mittelmäßiges Scheitern. Wilhelm Genazino und der Versuch, das mögliche Scheitern zu lieben, in: Hans-Christoph Koller, Markus Rieger-Ladich (Hg.): Vom Scheitern. Pädagogische Lektüren zeitgenössischer Romane III. Transcript Verlag Bielefeld 2013. S. 197 f.

104 Vgl. dazu Bähr, Andreas: Schiffbruch ohne Zuschauer? Überlegungen zur heuristischen Kategorie des Scheiterns aus der Perspektive moralischer Ausweglosigkeit im 18. Jahrhundert, in: Stefan Zahlmann / Sylka Scholz (Hg.): Scheitern und Biographie. Die andere Seite moderner Lebensgeschichten. Psychosozial-Verlag Gießen 2004. S. 35-53.

seiner Religion entsprechend zu verhalten und eine reine Gesinnung als Zielsetzung hatte, so konnte er über die Angemessenheit seiner Bemühungen letztlich kein Urteil fällen, was nur die göttliche Instanz vermochte. Die Frage ob ein Leben glückselig oder gescheitert war, lag damit nur in Gottes Hand.

„Vor dem Ende des achtzehnten Jahrhunderts existierte der *Mensch* nicht."[105] Michel Foucault betont hierbei die gesellschaftliche Stellung des Individuums. Erst mit der Aufklärung ändert sich diese Vorstellung von der Nichtexistenz des Menschen, als sich ein neues Menschen- und Weltbild hervorbrachte. Das autonome Subjekt hat seine Handlungen von nun an selbst in der Hand und hat dementsprechend die Vorstellung von der göttlichen Gnade für sich neu definiert. Es entwickelt sich die Vorstellung, dass ein gelungenes Leben auf der eigenen Handlungsfähigkeit basiert. Immanuel Kant fasst diesen Gedanken in folgender Formel zusammen: „Sapere aude! Habe Mut, dich des eigenen Verstandes zu bedienen!"[106] Dieses Konzept des Menschen als Subjekt, das Selbstgesetzgebung für sich praktiziert, ist verbunden mit einem Paradigmenwechsel, der im achtzehnten Jahrhundert das Zeitalter des Menschen einläutet (im Foucaultschen Sinn). Dadurch tritt auch eine Veränderung des Verständnisses eines gelungenen bzw. gescheiterten Lebens ein, da sich das Subjekt reflexiv über die Grundlagen des ‚guten Lebens' selbst in Kenntnis setzen kann. Im weiteren Sinn trägt es für sich allein Verantwortung für das „(Zer-)Scheitern" der eignen Biographie.[107]

Der moderne, säkulare Glücksbegriff ist seit der Aufklärung mit der menschlichen Biographie verbunden. Somit wurde auch der Charakter des Scheiterns abgeändert. Das Glück wird abseits der Heilsversprechen im Jenseits ein zu Lebzeiten erreichbares Gut. Infolge dieser

105 Siehe Foucault, Michel: Die Ordnung der Dinge. Eine Archäologie der Humanwissenschaften. Suhrkamp Verlag Frankfurt am Main 1974. S. 373.

106 Siehe Kant, Immanuel: Beantwortung der Frage: Was ist Aufklärung?, in: Ders.: Schriften zur Anthropologie, Geschichtsphilosophie, Politik und Pädagogik I. Werkausgabe Band XI. Herausgegeben von Wilhelm Weischedel. Suhrkamp Verlag Frankfurt am Main 1982. S. 53-61.

107 Vgl. Zahlmann, Stefan: Sprachspiele des Scheiterns. Eine Kultur biographischer Legitimation, in: Stefan Zahlmann/Sylka Scholz (Hg.): Scheitern und Biographie. Die andere Seite moderner Lebensgeschichten. Psychosozial-Verlag Gießen 2004. S. 7-35.

Eigenverantwortlichkeit des Menschen und sein selbstverschuldetes Scheitern stellt sich die Frage nach der eigenen Biographie und was das Scheitern für die Individuen bedeutet. Andererseits ergeben sich Fragen bezogen auf das Beurteilungsvermögen des Scheiterns, das heißt, wer die Entscheidung trifft, ob ein Individuum überhaupt gescheitert ist.

Die Antwort auf diese Fragen hängt in der Regel von Konzepten biographischer Normalität ab.[108] Das Verhältnis von Individuum und Gesellschaft erzeugt immer auch ein Konstrukt des Scheiterns, das sich nicht nur auf die persönliche Lebensplanung stützt. Positiv verläuft eine solche Entwicklung nur, solange das Individuum in der Lage ist, seinen eigenen Ansprüchen und denen seiner Mitmenschen gerecht zu werden. Diese Zielvorstellungen des öffentlichen und privaten Lebens werden durch Industrialisierung und Urbanisierung im 19. Jahrhundert drastisch umgeändert. Es greift ein Gefühl um sich, mit dieser schnellen Entwicklung mithalten zu müssen, um den Ansprüchen auf Fortschritt und Wachstum zu entsprechen. Entsprechend dem Motto des Films *Die fabelhafte Welt der Amélie*[109], nach dem jeder Mensch das Recht auf ein gescheitertes Leben habe, verleiht dieser Lebenseinstellung Ausdruck und impliziert zugleich einen lebensfähigen Umgang mit dem Phänomen des Scheiterns, da das Motto die Forderung evoziert, nicht nur nachträglich das menschliche Versagen zu benennen, sondern im Hinblick auf die Zukunft das mögliche Scheitern als Bestandteil der eignen Biographie zu verstehen. In diesem Sinne kann eine Kultur des Scheiterns begründet werden, die es ermöglicht, das Scheitern für das fortlaufende Leben produktiv zu gebrauchen und damit einen Lernprozess zu entfachen.

Das Scheitern lernen könnte bedeuten, eine Formel zu generieren, die dabei behilflich ist, Idealisierungen, Illusionen und Selbstüberschätzungen zu korrigieren.[110] Damit könnte dem Subjekt dazu verholfen werden, eine bessere Selbsteinschätzung zu erlangen und ihm für die Zukunft Handlungsmöglichkeiten zu offerieren. Der Impetus

108 Vgl. ebd. S. 7.

109 Vgl. Jeunet, Jean-Pierre: Die fabelhafte Welt der Amélie. Film. Frankreich 2002.

110 Vgl. Jeggle, Urs: Scheitern lernen, in: Stefan Zahlmann/Sylka Scholz (Hg.): Scheitern und Biographie. Die andere Seite moderner Lebensgeschichten. Psychosozial-Verlag Gießen 2004. S. 221-237.

lautet: Im möglichen Scheitern liegt eine Chance, indem man aus Fehlern lernen kann. Der Begriff des Scheiterns beschreibt einen Schwellenraum, der sich zwischen Chance und Misslingen, Sieg und Niederlage, hin- und herbewegt. Laut Wilhelm Genazino liegt dem Scheitern ein eigener Reiz zugrunde, der auf ein Kippmoment rekurriert und damit zugleich Einblicke in jene Bereiche gewährt, die lineare Biographien gerne verbergen.

> Das Scheitern zeigt die Authentizität des Menschen, die Vielfalt seiner Anstrengungen, von der wir normalerweise unsere Aufmerksamkeit abziehen. Wir schauen uns nur an, was beeindruckt, und wir vergessen dabei die zahllosen Anläufe, die notwendig sind, um etwas Gelungenes zustande zu bringen. Indem man einerseits diese Anläufe vorführt, zeigt man das dem Menschen gemäßere, seine Zerbrechlichkeit, die er dauernd reproduzieren muß.[111]

Das ‚wahre' Leben ohne seine Erfolgs- und Glücksmomente wird in diesen Momenten des Scheiterns explizit dargestellt. In der Prosa von Wilhelm Genazino geht es meist um gescheiterte Existenzen, die so lange an ihrem Leben und der Welt leiden, bis sie verstehen, dass das Leiden zum Leben und zur Welt dazugehört. Auch im Roman *Mittelmäßiges Heimweh* steht die Problematik des Scheiterns und des Leidens im Vordergrund.

Das Scheitern nimmt der Protagonist wahr, als seine Ehe am Ende ist. Er nimmt sich selbst als gescheiterte Existenz wahr, denn er hat sein Leben und damit seine ganze Hoffnung in diese Beziehung gesetzt.

> Ich fühle mich momentweise so abstoßend, daß ich glaube, niemand wolle mehr etwas mit mir zu tun haben. [...] Zum ersten Mal habe ich nicht mehr abweisbare Angst, daß unsere Ehe zerbrechen könnte. Mit welcher Sorgfalt, Hoffnung und Zuversicht ich diese Frau ausgesucht habe! Alles mögliche in meinem Leben war mittelmäßig, aber die Ehe durfte auf keinen Fall ebenfalls mittelmäßig werden.[112]

Anfangs nimmt der Protagonist Dieter Rotmund nicht wahr, dass das Scheitern seiner Ehe eigentlich vorhersagbar war, da in den gemeinsamen Ehejahren die Partner wenig miteinander gesprochen haben und Edith ihm gegenüber übergriffig war, indem sie stets versuchte ihn

111 Siehe Genazino, Wilhelm: Der Reiz des Scheiterns, in: Börsenblatt Nr. 43. Frankfurt am Main 2004. S. 31-33.

112 Siehe Genazino, Wilhelm: Mittelmäßiges Heimweh. S. 35.

nach ihren Vorstellungen zu formen. Jedoch hat er sich an ihr „festgeliebt“ und erkennt im Scheitern seiner Beziehung den Grund dafür, dass er das Interesse an der Welt verloren hat.[113]

> Ich habe/hatte mit Edith eine unauffällige, nicht lieblose, aber keine aufregende Normalbeziehung, die in mir immer mal wieder das Gefühl einer allzu bereiten Genügsamkeit zurückließ. Obwohl ich außer mit Edith mit keiner anderen Ehefrau vertraut bin, habe ich den Eindruck, in Edith das MUSTER aller Ehefrauen zu kennen, wobei mir nicht klar ist, wie ich zu dieser Einschätzung komme. Es ist auch möglich, daß ich ein Opfer der allgemeinen, von mir verabscheuten Glückspropaganda bin, die sich von fast allen Lebensbereichen übertriebene Vorstellungen macht, obgleich ich gleichzeitig einer der größten Propagandisten dieser Übertriebenheit bin.[114]

Die „Glückspropaganda“ von Dieter Rotmund gleicht dem Normalisierungsdispositiv von Michel Foucault, das die Gesellschaften seit dem 18. Jahrhundert dominiert und ein System von Normalitätsgraden aufstellt, das die Zugehörigkeit zu einem homogenen Gesellschaftskörper markiert und dabei klassifizierend und rangordnend vorgeht. „Einerseits zwingt die Normalisierungsmacht zur Homogenität, andererseits wirkt sie individualisierend, da sie Abstände misst, Niveaus bestimmt, Besonderheiten fixiert und die Unterschiede nutzbringend innerhalb eines Systems aufeinander abstimmt.“[115] Genau diese Ambivalenz wird Dieter Rotmund zum Verhängnis. Auf der einen Seite ist er Teil der Gesellschaft und versucht, das von ihr propagierte Glücksideal anzustreben, andererseits schließt ihn seine Eigenbrötlerei von der Gesellschaft aus und er stellt fest, dass er das anvisierte Glücksversprechen nicht erreichen kann. Somit lebt der Protagonist in dem Schicksal, das nach Jean-Jacques Rousseau typisch für den vergesellschafteten Menschen ist. „[D]er Wilde lebt in sich selbst, der zivilisierte Mensch ist immer sich selbst fern und kann nur im Spiegel der Meinung der anderen leben. Er entnimmt das Gefühl seiner eigenen

113 Vgl. ebd. S. 17.

114 Siehe ebd. S. 59 f.

115 Siehe Foucault, Michel: Überwachen und Strafen. Die Geburt des Gefängnisses. Suhrkamp Verlag Frankfurt am Main 1994. S. 237.

Existenz sozusagen aus dem Urteil allein."[116] Obwohl dem Protagonisten klar ist, dass er sein selbst gestecktes Ziel nie erreichen kann, sieht er zunächst keine Möglichkeit sein Verhalten abzuändern.

> Das Deprimierende ist, daß ich nie angeben kann, was sich ändern müßte, damit ich mich wohl fühle; ich kann immer nur denken, daß alles unzureichend ist und dass ich mich von allem, was es gibt, entfernen möchte, und zwar sofort und ohne Umkehr. Ich müßte jetzt zugeben und gebe es zu (für mich), daß ich ein gespensterartiges Wesen geworden bin, das für seinen Unglücksnebel im Kopf selbst verantwortlich ist.[117]

Ihn plagt eine melancholische Grundstimmung, die aus der Tristesse entsteht, dass er der einzige Mensch sei, der das Glücksversprechen der modernen Gesellschaft nicht erreichen kann und der deswegen Schuld am eigenen Versagen hat. Als Einzelner durch die Welt zu gehen sei nicht einfach, konstatiert er. Dennoch bemüht er sich stets, die Fremdheit der Welt zu überwinden und entwickelt dabei das Sinnbild eines überforderten Stallhasen, der unter den unverständlichen Bedingungen von Menschen leben muss. Trotz aller Anstrengungen verweilt er lange Zeit als feinsinniger Einzelgänger, der jede Gelegenheit nutzt, um seinem Leben zu entkommen und durch die dunklen und verruchten Ecken der Großstadt Frankfurt am Main zu streunen. Bei seinen Streifzügen bewegt er sich stets am Rand der Gesellschaft und ist froh, dass er in der großen Masse untergehen kann, möchte zugleich aber auch von anderen gesehen werden.

Das Gefühl der Mangelhaftigkeit beherrscht den Protagonisten seit seiner Kindheit. Schon seine Mutter vermittelte ihm eine starke Lebensuntüchtigkeit. Wie er wollte sie alles richtig machen, dabei endeten ihre Bemühungen in Selbstvorwürfen.[118] Die Lage des Protagonisten ist gerade deshalb pathologisch, weil er in seinem Leben keinen Sinn sieht.

„Innerlich klammere ich mich daran fest, daß ich Finanzdirektor bin. In Wahrheit ist mir wieder einmal nicht klar, was ich auf der Welt

116 Siehe Rousseau, Jean-Jacques: Abhandlung über den Ursprung und die Grundlagen der Ungleichheit unter den Menschen, in: Ders.: Schriften zur Kulturkritik. Eingeleitet, übersetzt und herausgegeben von Kurt Weigand. Meiner Verlag Hamburg 1971. S. 265 f.

117 Siehe Genazino, Wilhelm: Mittelmäßiges Heimweh. S. 150.

118 Vgl. ebd. S. 105.

anstellen soll."[119] Als einziger Ausweg aus dieser perspektivlosen Misere erweist sich das Ausloten einer Nische, in der das Leben erträglich wird und die gleichzeitig einen Rückzugsort bildet, wenn der Druck der Welt wiederholt stark auf ihn einwirkt. Die Streifzüge durch die Großstadt Frankfurt am Main bilden für Dieter Rotmund eine entsprechende Nische.

Im Gegensatz zum Flaneur, der sich vom Zufall treiben lässt, erscheint der Protagonist als Gehetzter und von den Eindrücken der Großstadt Überforderter. Der manische Habitus hat den ursprünglich gelassenen des Flaneurs ersetzt.[120] Nicht nur der Protagonist selbst, sondern die Umgebung der modernen Großstadt lässt dem gelassenen Flaneur keine Möglichkeit zum Verweilen.

> In früheren, ökonomisch weniger hysterischen Zeiten war das städtische Unterhaltungsangebot vielgestaltig und zerstreuend genug, um haltbare Selbstgefühle in ihnen aufbauen zu können. Heute sind die modernen Innenstädte zerstückelte und den Betrachter ebenso zerstückelnde Wucherungen geworden, die von einer ordnenden menschlichen Erfahrung kaum noch verarbeitet werden können.[121]

Dieter Rotmund ist dem Typus des rastlosen Beobachters zuzuordnen. Dabei streift er nicht ziellos durch die Straßen der Stadt, sondern sucht nach Möglichkeiten, um aus seinem Alltag auszubrechen. Besonders gesellschaftlich geächtete Orte wie das Frankfurter Bahnhofsviertel mit seinen Bordellen üben eine Faszination der Zerstreuung auf ihn aus. Als Zerstreuer versucht er sein Leiden an der gegenwärtigen Welt zu überwinden. Im Gespräch mit Sonja schildert er seine Eindrücke beim Überwinden seines Weltleidens.

> Was überwindest du? Eigentlich alles, sage ich. Wir lachen wieder ein wenig. Ich kann hinkommen, wo ich will, sage ich, ich fange bald an, irgend etwas zu überwinden. Immer? Fast immer, sage ich; manchmal überwinde ich mich selbst, das dauert lang und gelingt nur selten. [...] Unangenehm ist, sage ich, daß ich als Überwinder oft scheitere. Wenn ich merke, ich habe beim Überwinden keinen Erfolg, fliehe ich. Ich will dem zu überwindenden Gegner nicht unterliegen. Deswegen breche ich das über-

119 Siehe ebd. S. 140.

120 Vgl. Benjamin, Walter: Über einige Motive bei Baudelaire, in: Ders.: Charles Baudelaire. Ein Lyriker im Zeitalter des Hochkapitalismus. Herausgegeben von Rolf Tiedemann. Suhrkamp Verlag Frankfurt am Main 1974. S. 123.

121 Siehe Genazino, Wilhelm: Die Belebung der toten Winkel. S. 102 ff.

windende Denken oft ab. In Wahrheit müßte ich mich eigentlich Zerstreuer nennen.[122]

Während der Protagonist sich in der Stadt bewegt, kreisen seine Gedanken so lange um Ereignisse, bis er sich von den äußeren Eindrücken in ihren Bann ziehen lässt und das Denken vergisst.

Eine Rettung aus seiner schicksalhaften Ausweglosigkeit bildet für ihn der Abschaum der Großstadt, in der fast alles unansehnlich ist, aber das Unansehnliche andauernd angeschaut werden muss. Insbesondere die abstoßenden Gefühle hierbei können seine Gedanken für einen Moment unterbrechen. Das Aufkommen von Ekel beim Protagonisten lässt seine Innenwelt für einen Moment verstummen, was mit einem Glücksgefühl einhergeht, da „man plötzlich nicht mehr weiß, was man sagen oder denken soll."[123] Da die Gegenwart für ihn ein Leerbild sei, beeindrucken ihn seine eigenen Gedanken.[124] Er beobachtet sich durch sein eigenes Beobachten. Die Problematik an dieser intensiven Beobachtung ist, dass er sich dadurch dem Leben entzieht.[125] Er reflektiert entsprechend lange, bis eine Handlung nicht mehr möglich ist. Das Zaudern bietet einen Schwellenraum an, der einer fortlaufenden Ausweichbewegung gleicht. Es bildet ein krisenhaftes Verhältnis zwischen Tat und Hemmung, Handeln und Grund sowie Gesetz und Vollzug.[126] Letztlich löst das Zaudern die zeitliche Ordnung der Welt auf, weil es durch den Aufschub der (Nicht-)Handlung die Entscheidung verzögert. Diese Schwellenräume sind die Paradedisziplin für Wilhelm Genazinos Figuren, die hierin ihre eigene Nische finden und die sie somit vor den simultanen Eindrücken der Großstadt abschirmt, die dissozierend und zerstörerisch auf sie einwirken.

Da es nicht den einen Sinn des Lebens gibt, wie der Protagonist sich eingestehen muss, übt er notwendigerweise den gedehnten Blick ein, der ihm verhilft kleine Blickwinkel aus der Wirklichkeit herauszulösen, um eine andere Welt zu ertasten mit neuen Einfällen. Die Großstadt erscheint für ihn nur noch als Folie der Reflexionsbildung, da sie

122 Siehe Genazino, Wilhelm: Mittelmäßiges Heimweh. S. 159.
123 Siehe ebd. S. 21.
124 Vgl. ebd. S. 31.
125 Vgl. Pavlik, Jennifer: Mittelmäßiges Scheitern. S. 206.
126 Vgl. Vogl, Joseph: Über das Zaudern. Diaphanes Verlag Zürich/Berlin 2007. S. 25.

ihm keinen eigenen Raum mehr bietet und folglich nur noch Rückzug und Verinnerlichung hervorruft.[127] Die Psyche verbirgt die fragmentierte, sich auflösende Identität Dieter Rotmunds, was seine symbolische Entsprechung in den abgefallenen Körperteilen findet. Das innerlichste Problem von ihm ist die Konfrontation „mit der Kompliziertheit des Lebens".[128] Bis zum Wendepunkt des Scheiterns der Ehe bleibt er eine passive Figur, die zu keiner entscheidenden Handlung fähig ist.

Erst im weiteren Verlauf des Romans wird ihm bewusst, dass seine größte Niederlage gleichzeitig seine größte Chance ist. Sein eigenes Scheitern ist für ihn das Ende seiner Ehe. Trotzdem bildet diese Krise zugleich einen Wendepunkt für ihn, von dem aus der Protagonist einen Ausweg entwickelt, der ihm verhilft weiterzuleben. Er „überwindet" diese Lebens-Krise. Erst durch seine neue Beziehung zu Sonja Schweitzer hat er seine Niederlage überwunden. Sie hilft ihm dabei ein realistisches Selbstbild zu etablieren und zu begreifen. Sie sprechen zusammen über ihr Leben ohne dabei in Selbstmitleid zu versinken und lachen über die Absurdität ihrer Erfahrungen. Nur durch die Hilfe von Sonja entwickelt Dieter einen anderen, doppelten Blick auf sich selbst, durch den er sich nicht nur ständig reflektiert und bewertet, sondern gleichzeitig eine Distanz aufbaut. Diese Distanz beruht in erster Linie auf dem Humor, den die beiden teilen und der mildernd auf die eigene Selbstwahrnehmung wirkt. „Der Spaß ist ein Zuspruch, der uns ermutigen will, das Laufrädchen nicht zu verlassen. Was uns heute mißrät, wird uns morgen (so tröstet der Spaß) vielleicht doch gelingen. […] Das Lachen ist der nachträgliche Frieden mit allem Gescheiterten."[129] Durch die Umkodierung der Selbstwahrnehmung durch den Humor wird dem Scheitern seine Radikalität entzogen. „Wir lachen aus verwandeltem Schmerz. Die wunderliche Erfahrung, dass wir dabei momentweise von uns selbst getrennt werden, macht uns zu Ironikern wider Willen."[130]

---

127 Vgl. Genazino, Wilhelm: Das Exil der Blicke. Die Stadt, die Literatur und das Individuum. Dresdner Rede, in: Ders.: Achtung Baustelle. München 2006. S. 179 f.

128 Siehe Genazino, Wilhelm: Mittelmäßiges Heimweh. S. 10.

129 Siehe Genazino, Wilhelm: Der Professor im Schrank. Adorno und die Verweigerung des Lachens, in: Ders.: Der gedehnte Blick. Hanser Verlag München 2004. S. 175.

130 Siehe ebd. S. 176.

Hierbei wirkt der Humor als Kode, der dazu in der Lage ist, das eigene Selbst anzunehmen und leichter mit Niederlagen umzugehen. Diese Leichtigkeit in Bezug auf Niederlagen hat Dieter zumindest ein Stück weit in seinen Alltag übertragen. „Es ist mir endlich einmal gelungen, die Normalität mit ihrer eignen Normalität zu befremden."[131] Er hält gedanklich dem gesellschaftlich „Normalen" einen Spiegel seiner Eigenarten vor und schafft sich somit Distanz zu bedrückenden Alltagssituationen, wie etwa im Arbeitsalltag des Büros, wo er seine Kollegen in ihren Eigenarten widerspiegelt. Im weiteren Verlauf des Romans erlangt er mehr Selbstbewusstsein. Er trifft die erste autonome Entscheidung seines Lebens, als Edith zu ihm zurückkehren will und er hierbei auf die Scheidung besteht. „Jetzt denke ich, hast du das Verlassenwerden nicht nur überlebt, sondern auch abgeschlossen."[132] Nicht nur das Überleben des Scheiterns, sondern auch das aktive Scheitern zeichnen Dieter hier aus.

Das glückliche Leben bedeutet für ihn die „einwurzeln[de]"[133] Beziehung zu einer Frau, die er begehren kann. Dieses Begehren überdauert auch über das Ende seiner Ehe hinaus. Auch wenn er die Verwurzelung nicht erreicht, so erlernt er durch neue Beziehungen einen lebensfähigen Umgang mit dem Scheitern. Da Sonja in Untersuchungshaft kommt, ist Dieter wieder gezwungen, sich neu zu orientieren. Eine neue Partnerin, Frau Krammig, die Schuldenberaterin von Sonja, vermittelt ihm imaginativ, dass das mögliche Scheitern von Liebesbeziehungen normal ist, man folglich ein Risiko eingehen muss, wenn man sich einem anderen Menschen gegenüber öffnet. Expressis verbis müsse man das Scheitern lieben, so die Botschaft von Frau Krammig. Außerdem spricht sie nicht nur auf zukünftige Beziehungen einen Rat aus, sondern auch auf das Leben selber. Man habe nur dann eine Möglichkeit auf ein glückliches Leben, wenn man bereit ist, das mögliche Scheitern zu akzeptieren, das heißt wenn man aktiv handelt. Dieter wird als Zauderer niemals herausbekommen, wie ein glückliches Leben aussehen könnte. Er lebt damit in einem Leben, das das Scheitern als absolute Kategorie hinter sich gelassen hat.

131 Siehe Genazino, Wilhelm: Mittelmäßiges Heimweh. S. 164.

132 Siehe ebd. S. 172.

133 Vgl. ebd. S. 187.

In Wilhelm Genazinos Roman *Mittelmäßiges Heimweh* ist das Gefühl des Scheiterns eng mit der Angst, mittelmäßig zu sein, verbunden. Auch nach der gescheiterten Ehe ist der Protagonist überzeugt, endgültig dazu verdammt zu sein, ein nur mittelmäßiges Leben zu führen. Dabei sieht er sich als mittelmäßigen Menschen, der es nicht schafft, über das nur durchschnittliche Leben hinaus zu kommen, und verpasst aus seinem Blickwinkel heraus, ein vollkommenes Leben im Sinne der gesellschaftlich aufgebürdeten Glückspropaganda zu führen.

Fehlschläge bilden für Wilhelm Genazino keinen Stillstand, sondern ebenso eine Möglichkeit, da sie den Scheiternden nicht nur in ein inneres Warten hineinversetzt, sondern dieser auch anfängt zu denken: „Wer scheitert, schaut zurück, und wer zurückschaut, sinnt nach. Im Scheitern wird das Biographische selber reflexiv, allmählich bildet sich eine zusammenhängende Lebenserzählung, eine Innenwelt-Perspektive […] kurz: es bildet sich Identität.“[134] Nach Wilhelm Genazino ist das Scheitern nicht radikal, es ist keine Einbahnstraße, sondern ein Bestandteil des menschlichen Lebens, der trainiert werden muss. Dazu zählt auch, dass man das Scheitern als Teil seiner selbst akzeptiert und nicht in Versuchung kommt, dagegen anzukämpfen, da sich Identität nur dann entwickelt, wenn man sich die eigene Fehlbarkeit eingesteht und versucht, die Unbefangenheit aus Kindertagen in den Lebensalltag zu integrieren.

Entsprechend dieser Relativität des Misslingens handelt Dieter Rotmund, indem er sich bewusst von seiner Frau scheiden lässt und einen Neuanfang beschließt. Zugleich gesteht er sich ein, dass er, um das Ziel eines glücklichen Lebens zu erlangen, bereit sein muss, das mögliche Scheitern zu lieben, das heißt sich selbst die eigene Fehlbarkeit einzugestehen. Glück und Scheitern bedingen einander. Um das glückliche Leben führen zu können, muss man das Risiko des möglichen Scheiterns eingehen. Durch sein Zaudern bleibt der Protagonist sein ganzes Leben lang eine tragische Figur. Trotz seines Wissens um die eigene Fehlbarkeit muss er handeln, ansonsten wird er die Niederlage zwar meiden, seine Möglichkeit auf ein glückliches Leben aber ebenso verpassen.

134 Siehe Genazino, Wilhelm: Omnipotenz und Einfalt. Über das Scheitern, in: Ders.: Der gedehnte Blick. Hanser Verlag München 2004. S. 102.

Das Scheitern als gesellschaftliches Stigma wurde von Jennifer Pavlik deutlich dargestellt. Gleichzeitig beschreibt sie den aktiven Lernprozess, der das Scheitern begleitet. Somit entnimmt sie dem Scheitern eine positive Konnotation, die im gesellschaftlichen Kontext nicht explizit zur Sprache kommt. Ich schließe mich ihrer Ausarbeitung an, da sie die Polyperspektivik des kulturellen Scheiterns betont, worin die Erfahrungen aus den Lebenskrisen den Menschen stärken können. Das Scheitern steht ähnlich wie die menschliche Kleidung bei Anne Schmuck für die Identitätsbildung des Menschen.

1.2.7 Gesellschaftliche Paradoxie bei Gerhard Warlich

Matthias Hoffmann[135] untersucht die gesellschaftliche Problematik im Roman *Das Glück in glücksfernen Zeiten* von Wilhelm Genazino. Seine Methode ist eine sozialgeschichtliche Interpretation. Dabei beleuchtet er die Konstruktion und Verknüpfung der Innen- und Außenperspektive des handelnden Protagonisten Gerhard Warlich. In Anlehnung an Wilhelm Genazino werden hierbei soziale, psychologische und philosophische Überlegungen bezüglich der Handlung in Betracht gezogen. Nicht nur der Gegenstand mit der Komplexität seines Sachverhaltes, sondern auch die Folgeerscheinungen im kognitiven Bereich des Protagonisten werden entsprechend benannt. Diese Akkumulation der Sichtweisen ist ein fließendes Ineinandergreifen von Problembenennungen, das sich nicht nur auf eine Handlungsursache stützt.

> Das heißt, der Glücks-Roman ist ein neuer Anlauf, im Roman den gläsernen Menschen zu erschaffen, eine Konstruktion dessen, was uns nicht einsichtig ist: erstens eine Nachbildung der Kräfte, die einen Menschen in psychischer Hinsicht steuern, und zweitens eine Nachbildung der äußerlichen sozialen Zwänge, die auf die psychischen Gegebenheiten eines Menschen antworten – und ihn damit auch gefährden. Gerhard Warlich, der „Held", hat, wie er anfangs glaubt, beste soziale Voraussetzungen, um in unserer komplexen Wirklichkeit eine gute Figur zu machen. Er ist ein akademisch gebildeter Philosoph (mit einer Promotion über Heidegger) und insofern hervorragend geeignet, unserer Gesellschaft das zu vermit-

135 Vgl. Hoffmann, Matthias: Gesellschaftskritik in Wilhelm Genazinos Roman Das Glück in glücksfernen Zeiten. Lang Verlag Frankfurt am Main 2015.

> teln, woran es dieser am meisten mangelt, nämlich Selbsttransparenz, kritische Distanz, philosophische Erleuchtung.[136]

Dabei wird nicht nur die bloße Darstellung des Gegebenen gedeutet, sondern auch die psychologische Rückkopplung des Protagonisten als Ineinandergreifen von verwobenen Prozessen. Das gesellschaftliche und damit das Subjekt betreffende Grundproblem ist, die Paradoxie einer opaken als auch gläsernen Struktur innerhalb des gesellschaftlichen Kontextes. Individuelle Meinungsbildung und Erlebnisorientierung[137] erscheinen als hervorgehobene Elemente unserer Gesellschaft. Diese werden nur als scheinbare enttarnt, da sie durch (zum Teil kapitalistische) Machtstrukturen gesteuert und dadurch wieder aufoktroyiert werden. Der gläserne Mensch ist fest eingebunden in gesellschaftliche Machtstrukturen und letztlich kein freies Subjekt bezüglich Meinungsbildung und persönlicher Lebensführung. Um gesellschaftliche Kritik zu deuten, beleuchtet Matthias Hoffmann die Bereiche des ökonomischen Systems, Selbstreflexion und Individualität, die Leistungsgesellschaft und Sinnfindung innerhalb des Romans. Matthias Hoffmann verbindet die im Roman dargestellten gesellschaftlichen Missstände mit zeitkritischen Diagnosen. Dabei vergleicht er die Romanproblematiken mit dem imaginären Autorenkollektiv mit dem Namen „Unsichtbares Komitee“[138] und Stéphane Hessel mit seiner Schrift *„Empört Euch!“*[139]. In beiden Texten ist das kapitalistische System Gegenstand von kritischer Betrachtung. Im Blickpunkt der Arbeiten stehen der Flexibilitätsgedanke sowie der Verlust von Wahrheit und Werten innerhalb einer Gesellschaft. Vor allem der Bereich des zwischenmenschlichen Zusammenlebens ist durch die erzwungene Flexibilität gefährdet. Bei der kritischen Betrachtung steht das Subjekt im Vordergrund, im Roman entsprechend der Protagonist Gerhard Warlich. Daraus ergibt sich die Frage, wie sich das Subjekt gegenüber heterogenen Anforderungsprofilen innerhalb gegenwärtiger Gesellschaftsstruktu-

136 Siehe Genazino, Wilhelm: Der Roman als Delirium, in: Verstehensanfänge. Das literarische Werk Wilhelm Genazinos. Hrsg. von Andrea Bartl und Friedhelm Marx. Göttingen 2011. S. 29.

137 Zum Begriff der Erlebnisgesellschaft vgl. Schulze, Gerhard: Die Erlebnisgesellschaft. Kultursoziologie der Gegenwart. 2. Auflage. Frankfurt am Main 1992.

138 Siehe Unsichtbares Komitee: Der kommende Aufstand. Hamburg 2010.

139 Siehe Hessel, Stéphane: Empört euch! Berlin 2011.

ren verhält. Daraus resultieren Identitätsprobleme, Orientierungsprobleme, die wie im Roman dargestellt, Selbstreflexion und Selbstvergewisserung des Protagonisten hervorrufen.

Der Protagonist will mit Hilfe seines Philosophiestudiums die Gesellschaft zu einer philosophischen Erleuchtung bewegen. Dies ist ein wünschenswerter Zustand, der auf einer symbolhaften aufklärerischen Einsicht beruht. Damit ist die Frage verknüpft, wie der Weg zu dieser Einsicht aussehen könnte und ob diesem Weg ein Ziel vorliegt. Genau diese Frage und dieser Ansatz werden im Roman *Das Glück in glücksfernen Zeiten* beleuchtet und es findet eine Auseinandersetzung mit dem eigenen Selbst statt als eine Fundamentalfrage der Existenz und des Nachdenkens. Das damit verbundene Scheitern wird positiv konnotiert. Die existenziellen Fragen und die zeitkritische Diagnose gegenwärtiger Umstände markieren ein fundamentales Unbehagen, welches in der Gesellschaft vorzuherrschen scheint. Die gegenwärtigen Missstände werden vom Unsichtbaren Komitee folgendermaßen skizziert.

> Unter welchem Blickwinkel man sie auch betrachtet, die Gegenwart ist ausweglos. Das ist nicht die unwichtigste ihrer Eigenschaften. Denen, die unbedingt hoffen wollen, raubt sie jeden Halt. Diejenigen, die vorgeben, Lösungen zu besitzen, werden auf der Stelle widerlegt. Es besteht Einverständnis, dass alles nur noch schlimmer werden kann. ‚Das Künftige hat keine Zukunft mehr' ist die Weisheit einer Epoche, die hinter ihrer Fassade extremer Normalität auf dem Erkenntnisstand der ersten Punker angekommen ist.[140]

Durch diese apokalyptisch anmutenden Gedanken wird nicht nur das Bild einer untergehenden Gesellschaftsform skizziert, sondern auch die Auseinandersetzung mit den vorherrschenden Umständen vorgenommen. Darin geht es um die Existenz des Menschen. Die Totalität der gesellschaftlichen Struktur selbst wird hierbei angekreidet. Auch in *Das Glück in glücksfernen Zeiten* wird in ähnlicher Form eine Kritik an den bestehenden Verhältnissen der Gesellschaft vorgenommen: „Ich selbst glaube nicht mehr an die Veränderbarkeit irgendwelcher Verhältnisse. Dafür dauert das, was hätte verändert werden müssen, schon

140 Siehe Unsichtbares Komitee S. 5.

zu lange an. Trotzdem haben meine Wünsche ihre Nichterfüllung überlebt.“[141]

Es ist die komplexe Situation, dass die benannten gesellschaftlichen Verhältnisse seit einiger Zeit auf eine Veränderung hindeuten, weil sie unerträglich geworden sind, gleichzeitig aber aufgrund ihrer Beharrlichkeit der Unabänderlichkeit den Protagonisten Gerhard Warlich zu einer resignativen Bewertung verleiten. Sowohl der Protagonist als auch das Unsichtbare Komitee haben einen Willen zur Veränderung. Das Unsichtbare Komitee proklamiert einen radikalen Umsturz, Gerhard Warlich hingegen eine eher passive Wunschvorstellung. Jedoch setzen beide der negativen Spirale einen Kontrapunkt entgegen. Hieraus bildet sich die paradoxe Situation, dass der Protagonist den Glauben an eine Veränderung verloren hat, jedoch gleichzeitig seine Wünsche die Nichterfüllung überstanden haben. Konkret bedeutet das, dass der individuelle Wunsch, das Noch-Nicht, überdauern kann, auch wenn die resignative Wirklichkeit das Gegenteil aufzeigt.

Obwohl die bisherigen Überlegungen auf einem Gesellschaftskonzept und einem kollektiven Unbehagen beruhen, so ist doch frappierend, dass gerade jene Gesellschaft als Gemeinschaftskonstrukt nicht mehr fortbestehen zu scheint. Das Unsichtbare Komitee konstatiert, dass die Gesellschaft keine Konsistenz mehr besitze, weil sie lediglich noch aus einem vagen Konglomerat von Milieus, Institutionen und individuellen Blasen bestehe, und es außerdem keine Sprache für die gemeinsame Erfahrung gebe.[142] Somit ist es demnach schwierig, Kritik an den gesellschaftlichen Umständen zu äußern, wenn die Institution Gesellschaft keine Grundlage mehr habe, wie das Unsichtbare Komitee darlegt. Diese Diskrepanz wird besonders deutlich im Zusammenhang mit einer alle Bereiche betreffenden Konsumwelt eines flexibel agierenden Kapitalismus. Mit einher geht dabei das Phänomen des flexiblen Menschen in der Arbeitswelt. Langfristige soziale Bindungen gehen mit diesem Phänomen verloren und die Flexibilität der Arbeitswelt wird als gesellschaftliche Werte umkodiert.[143] Zwischenmenschli-

141 Siehe Genazino, Wilhelm: Das Glück in glücksfernen Zeiten. S. 98 f.

142 Vgl. Unsichtbares Komitee S. 7.

143 Vgl. dazu Sennett, Richard: Der flexible Mensch. Die Kultur des neuen Kapitalismus. Berlin 1998. S. 28.

che Beziehungen werden durch diese aufoktroyierten neuen Werte beständig zerstört. Herbert Marcuse wirbt im Zusammenhang der Kritischen Theorie für ein individuelles Denken, das das Individuum in den Vordergrund stellt. Als Gefahr benennt er die Beeinflussung der Meinungsbildung durch Massenkommunikation als kollektive Meinungsmache.[144] Im Sinne der marxistischen Theorie stellt Herbert Marcuse daher die Frage nach der Existenz jedes Einzelnen im gesellschaftlichen Konstrukt. Es ist die Angst vor der modernen Rationalitätsparadoxie, die Kernstück der Arbeit Herbert Marcuses ist. Das Zusammenspiel von Gesellschaft und Individualität wird hierbei einer kritischen Betrachtung unterzogen. Es entstehen dabei Gegensätze von Überindividualität und Starrheit bzw. Immobilität.[145] Die vermeintliche Freiheit wechselt in ihr absurdes Gegenteil. Das dabei gänzlich entfremdete Ich sieht sich durch die mannigfaltigen Möglichkeitsoptionen und als Stellvertreter seiner selbst mit einem Erschöpfungsgrad konfrontiert, der einer Selbstverstümmelung gleichkommt.

> Je mehr ich Ich sein will, desto mehr habe ich das Gefühl von Leere. Je mehr ich mich ausdrücke, desto mehr versiege ich. Je mehr ich hinter mir herlaufe, desto müder bin ich. Ich führe, du führst, wir führen unser Ich wie einen stumpfsinnigen Schalter. Wir sind die Vertreter unserer selbst geworden – ein seltsamer Handel –, die Garanten einer Personalisierung, die am Ende ganz nach einer Amputation aussieht. Wir kriegen es hin, bis zum Zusammenbruch, mit einer mehr oder weniger verschleierten Ungeschicklichkeit.[146]

Wie das Unsichtbare Komitee bemerkt, ist die Gesellschaft durch die Zersplitterung in ein vages Konglomerat von Einzelteilen zu einer reinen Abstraktion degradiert, jedoch wird dies aufrechterhalten, da die bestehenden Abhängigkeiten keinen alternativen Ausweg zulassen. Identität und Individualität werden aufgrund ihrer gewaltigen Sublimierung als ein negatives Moment in einem Abhängigkeitsgefüge erlebt, welches die Freiheit als eine nur scheinbare am Leben erhält. Genau dieser Aspekt kennzeichnet die Grundproblematik in *Das Glück in*

144 Vgl. Marcuse, Herbert: Der eindimensionale Mensch. Studien zur Ideologie der fortgeschrittenen Industriegesellschaft. 4. Auflage. München 2004. S. 24.

145 Vgl. dazu Offe, Claus: Die Utopie der Null-Option, in: Die Moderne – Kontinuitäten und Zäsuren. Soziale Welt. Sonderband 4. Hrsg. von Johannes Berger. Göttingen 1986. S. 100.

146 Siehe Unsichtbares Komitee S. 11.

glücksfernen Zeiten. Der Protagonist ist gerade in diesen Fragestellungen verfangen und stetig darum bemüht zu entdecken, worin seine persönliche Profession besteht, da es ein Kennzeichen für die moderne Lebenswelt ist, die komplette Entscheidungsfreiheit über individuelle Berufs- und Lebensentwürfe zu haben, was gleichzeitig impliziert, dass man selbst für seine berufliche Erfüllung, wie auch für ein mögliches Scheitern verantwortlich ist.[147] Insofern besteht bei Gerhard Warlich eine Diskrepanz zwischen seiner Tätigkeit in der Großwäscherei und seiner künstlerischen Profession der Selbstreflexion, in der entsprechend das Spannungsverhältnis von gesellschaftlicher Teilhabe und kritischer Distanz dargestellt wird. So versteigt er sich in Tagträume und ersinnt Blickketten, um sich von den Zwängen der Gesellschaft loszulösen, was in der Frage mündet, ob er Philosoph, Ästhet, ein stiller Kommunikator oder Konzeptkünstler sei.[148]

> Und wie kann es mir gelingen, aus einer dieser Tätigkeiten einen Beruf zu machen, der mich hinreichend ernährt und mir endlich die Gewißheit verschafft, daß ich mich in einem sinnvollen Leben befinde? In gewisser Weise steckt in dieser Frage der Kern meines Unglücks.[149]

Das Grundelement des Unglücks ist die dargestellte Abhängigkeit, die den Konflikt bildet, durch seine individuellen Fähigkeiten und Wünsche einen Beruf zu erschaffen, der eine physische Überlebensfähigkeit und zugleich ein vermeintlich sinnvolles Leben garantiert. Zur Sinnhaftigkeit im gesellschaftlichen Überlebenskontext geht Norbert Bolz in seiner Arbeit *Die Sinngesellschaft* der Frage nach dem Sinnvollen in einer Gesellschaft nach. Die Sinnfrage bestimmen dabei: die Komplexität, die Kontingenz und die Intransparenz des gesellschaftlichen Ganzen.[150] Auch Norbert Bolz betrachtet die Gesellschaft als ein intransparentes Produkt, was eine Verunsicherung in ihren Bestandteilen hervorruft und damit die Sinnsuche die Komplexität ablöst. Für den Protagonisten ist das sinngebende Element, der Bildungsgrad, zerbröckelt, da der gesellschaftlich garantierte Aufstieg durch Bildung nicht eingelöst wurde.[151] Eine seinem Studium entsprechende Arbeits-

147 Vgl. Hoffmann, Matthias S. 25.
148 Vgl. Genazino, Wilhelm: Das Glück in glücksfernen Zeiten. S. 13 f.
149 Siehe ebd. S. 14.
150 Vgl. Bolz, Norbert: Die Sinngesellschaft. Düsseldorf 1997. S. 11.
151 Siehe Genazino, Wilhelm: Das Glück in glücksfernen Zeiten. S. 14.

stelle wird ihm verwehrt, daher fühlt er sich von der Gesellschaft in dieser Hinsicht betrogen und ausgeschlossen.

Besonders beschämt fühlt sich der Protagonist bei einer Begegnung seinem Studienkollegen Gerd Angermann gegenüber. Der Studienkollege hat entsprechend seiner akademischen Qualifikation eine Anstellung bei der Bildungsinstitution Volkshochschule bekommen.[152] Den Protagonisten plagen Schamgefühle dem Studienkollegen gegenüber, so dass er über seine berufliche Tätigkeit nicht spricht. An dieser Stelle offenbart sich die gesellschaftliche Entrückung, da das berufliche Ansehen eine kompetitive Eigenschaft enthält, die in der psychologischen Rückkopplung im Kontext einer Reduktion der Persönlichkeit auf die berufliche Stellung hinterlässt. Dementsprechend wirkt sich die berufliche Tätigkeit wie ein imaginärer Stempel aus, der den Individuen durch die gesellschaftlichen Strukturen aufgedrückt wird. Daraus ergibt sich, dass Arbeit nicht mehr den direkten Bezug zur Sinnhaftigkeit hat, primär die Gewähr zum Überleben bietet, sondern im Zusammenhang von Wertigkeit und als Kommunikationsmittel innerhalb eines sozialen Gefüges beschrieben wird. Ein subjektiver Sinn von Arbeit ist ohne eine sozioökonomische Anbindung unmöglich.

> Denn ist die Tätigkeit vom sozialen – oder ökonomischen – Zweck der Arbeit abgelöst, gibt es keine Garantie für das Zustandekommen von ökonomischen oder sozialen Relationen oder kann Bezugsbildung gar nicht aufrechterhalten werden, geht auch das Sinnstiftungsinstrument verloren. Die Aufrechterhaltung gegenseitiger Abhängigkeit durch eine sozioökonomische Sinnproduktion über Arbeit ist die Bedingung funktionierender Wirtschaft auf der Basis sozialer Bezugnahme mit einem additiven Verständnis wirtschaftlichen Handelns; darin zeigt sich die paradoxe Verfasstheit von Arbeit als bloßes, aber hoch komplexes und abstrakt verstandenes Medium der Kommunikation, das sie an das Zustandekommen wirtschaftlicher Beziehungen und damit an Bedingungen bindet, denen die wirtschaftlichen Beziehungen unterliegen. Wenn Arbeit aber der Bezuggeber von wirtschaftlichen Bezügen ist, ist auch der Sinn von Arbeit von der Gestaltung dieser Bezüge und ihrer jeweiligen Orientierung abhängig.[153]

152 Siehe ebd. S. 56 f.

153 Siehe Krempl, Sophie-Thérèse: Paradoxien der Arbeit oder: Sinn und Zweck des Subjekts im Kapitalismus. Bielefeld 2011. S. 272.

In Bezug auf Gerhard Warlich übertragen, bedeutet dies, dass er die Verknüpfung seiner Tätigkeit in der Wäscherei mit dem gesellschaftlichen Gefüge als nicht relevant ansieht und damit der Sinngehalt der Arbeit und Arbeit als Kommunikationsmittel verloren geht.

Neben der Identität durch tätiges Arbeiten hat die Kleidung einen kommunikativen Stellenwert bei den Protagonisten von Wilhelm Genazino. Er pflegt zu seiner Kleidung ein existenzialistisches Verhältnis, vor allem sein in Halbauflösung befindliches Unterhemd betrachtet er als Stellvertreter für die Marterungen des Lebens.[154] Die Kodierung von Kleidung enthält gleichzeitig auch den Memento mori-Gedanken, wobei die Neuanschaffung und die Reinigung von Kleidung in gewisser Weise das Erkennen unseres Vergehens in Verbindung mit dem menschlichen Körper, verdecken soll. Neue und gereinigte Kleidung dient demnach als Maskerade des körperlichen Verfalls. Seine Tätigkeit in der Wäscherei ist aus existenzialistischer Sicht für ihn ein Trugbild, da er durch die Reinigung von Kleidung dem Verfallscharakter der Dinge immer wieder einen neuen Glanz verschafft.[155]

Durch seine kognitiven Fähigkeiten sieht sich der Protagonist in der Lage, mit Hilfe von philosophischen Erkenntnissen, anderen Menschen etwas zu vermitteln oder zugänglich zu machen, was ihnen noch nicht bewusst ist.[156] Doch diese von ihm angestrebte Verbesserung der Gesellschaft bleibt ihm verwährt. Deren Verwirklichung findet nur in seinen Gedankenspielen statt.

Der Protagonist hat eine ambivalente Einstellung zu seiner eigenen Person und ihre entsprechende Außenwirkung wird unterschiedlich abgebildet.[157] Der jeweilige soziale Kontext hat demnach einen starken Einfluss auf die Selbsteinschätzung von Gerhard Warlich. Prägnantes Charaktermerkmal von ihm bildet die Verunsicherung in Bezug auf

154 Siehe Genazino, Wilhelm: Das Glück in glücksfernen Zeiten. S. 18.

155 Kathy Zarnegin zieht in diesem Punkt eine Parallele zwischen der Tätigkeit in der Wäscherei und der Philosophie: Der Philosoph Gerhard Warlich wasche die dreckige Wäsche der Gesellschaft rein. Vgl. Zarnegin, Kathy: Wilhelm Meisters Trauerjahre. Die Melancholie der Glücksversuche in Wilhelm Genazinos Roman „Das Glück in glücksfernen Zeiten“, in: Die Wissenschaft des Unbewußten. Hrsg. von Kathy Zarnegin. Würzburg 2010. S. 239.

156 Vgl. dazu die „Schule der Besänftigung“: Genazino, Wilhelm: Das Glück in glücksfernen Zeiten. S. 57 f.

157 Vgl. Hoffmann, Matthias S. 32.

die Verhältnisse, die in ihm durch Unbehagen und Flexibilitätsmodelle der modernen Arbeitswelt ausgelöst werden. Die eigene kategoriale Verortung erscheint ihm nicht sicher, da er immer wieder um gesellschaftliche Anerkennung ringt.

> Aber insgesamt hat dieser Kampf um Anerkennung in unserer Gesellschaft einen geradezu verwilderten Ausdruck erhalten. Er findet zwar an allen Ecken und in jeder Domäne der sozialen Lebenswelt statt, aber ist richtungs- und orientierungslos und oft selbst Ausdruck sozialer Pathologie, nicht deren Überwindung. Dies bildet doch eine Schlüsselproblematik unserer gegenwärtigen Situation.[158]

Soziale Anerkennung ist in den Überlegungen von Axel Honneth nicht nur auf eine subjektive Wertigkeit oder eine ethische Komponente zugewiesen, sondern ist eingebunden in die Frage, wie Anerkennung als konstitutives Moment respektive konstitutive Voraussetzung für eine Gesellschaftsbildung verantwortlich ist.

Gerhard Warlich ist permanent auf der Suche nach neuen Verstehensanfängen, um sich in seiner derzeitigen Situation zu orientieren und seiner selbst gewahr zu werden. Sein Innenleben zeigt daher seine Unsicherheiten besonders stark auf.

> Versagensängste, Hypochondrie und eine fast zwanghafte Beobachtung des eigenen Ichs und der Umwelt charakterisieren diese Figuren ebenso wie Melancholie und Langeweile. Beides kann erneut gesellschaftskritisch (als Entfremdungserscheinung einer irrwitzigen, ökonomisch grundierten Leistungsgesellschaft) wie als Ausdruck individueller Krisen gewertet werden: als Spätfolgen einer problematischen Kindheit, Krise der Lebensmitte, Alterungsprozess oder Vorbote des Todes. Viele dieser Begriffe sind doppelt codiert, ja erzeugen damit erneut die für Genazinos Werk spezifische Unbestimmtheit aus versuchtem und scheiterndem Verstehen.[159]

Das gesellschaftliche Unbehagen basiert auf einer starken Verunsicherung im menschlichen Miteinander der Individuen in der modernen

---

158 Siehe Honneth, Axel: Schwierigkeiten kapitalismuskritischer Zeitdiagnosen. Gespräch mit Christoph Lieber, in: Erneuerung der Kritik. Axel Honneth im Gespräch. Hrsg. von Jan Philipp Reemtsma, Mauro Basaure, Rasmus Willig. Frankfurt am Main 2009. S. 144.

159 Siehe Bartl, Andrea und Marx, Friedhelm: Wiederholte „Verstehensanfänge". Das literarische Werk Wilhelm Genazinos, in: Verstehensanfänge. Das literarische Werk Wilhelm Genazinos. Hrsg. von Andrea Bartl und Friedhelm Marx. Wallstein Verlag Göttingen 2011. S. 12.

Lebenswelt. Die Folgen sind eine sublimierte Individualstruktur und eine große Selbstbeobachtung.[160] Die subjektiven Erfahrungen des Protagonisten erscheinen als individuelle wie auch exemplarische Darstellung der gesellschaftlichen Zustände. Um als Person innerhalb einer Leistungsgesellschaft zu bestehen, sollte das Moment des Scheiterns vollständig entfaltet werden. Gerade das Scheitern bietet in der Lebenserfahrung und in der Interaktion mit der Umwelt die Möglichkeit, sich mit der eigenen Person und seiner Außenwelt vollständig auseinanderzusetzen und eine Entwicklung zu konstatieren. Somit befindet sich der Protagonist meistens in einer gewissen Randständigkeit und ist bemüht, existenzialistische Fragestellungen und Selbstreflexionen mit gesellschaftlichen Normen zu verbinden. Entsprechend werden die vermeintliche Normalität und die damit verknüpften, tradierten und anerkannten, aber bisweilen irrwitzigen Strukturelemente der Gesellschaft durch den Protagonisten durchschaut und kritisch reflektiert. Auch das Unsichtbare Komitee hat die Normen und den Flexibilitätscharakter einer dominierenden Leistungsgesellschaft kritisch beleuchtet.

> Sie arbeiten also an der Aufrechterhaltung der bestehenden Ordnung, an meiner folgsamen Anpassung an schwachsinnige Normen, an der Modernisierung meiner Krücken. Sie betreiben in mir die Auswahl der wohlangebrachten, konformen, produktiven Neigungen und derjenigen, die brav abgeschrieben werden müssen. ‚Man muss sich verändern können, weißt du.' Aber meine Schwächen können auch, als Fakten genommen, zur Zerschlagung der Hypothese des Selbst führen. Sie werden dann zu Widerstandshandlungen im laufenden Krieg. Sie werden Rebellion und Energiezentrum gegen alles, was sich verschworen hat, uns zu normalisieren, uns zu amputieren.[161]

Zwischen diesen Überlegungen des Unsichtbaren Komitees und dem Roman *Das Glück in glücksfernen Zeiten* besteht ein thematischer Zusammenhang. Matthias Hoffmann sieht Parallelen bei dem Flexibilitätsgedanken im Sinne von „Man muss sich verändern können" und dass die thematisierte Norm eine Konformität erzeuge, die durchbrochen werden müsse.[162] Innerhalb dieser Demarkationslinie streift Ger-

160 Vgl. dazu Ehrenberg, Alain: Das Unbehagen in der Gesellschaft. Berlin 2011.

161 Siehe Unsichtbares Komitee S. 14 f.

162 Vgl. Hoffmann, Matthias S. 36 ff.

hard Warlich entlang, wobei entsprechend verschiedene Ausführungen und Möglichkeiten von Anpassungsbereitschaft, Verunsicherung und pathologischen Verhaltensweisen von dem Protagonisten durchgestanden werden müssen. Hierbei generiert sich die Frage, ob eine Gesellschaft innerhalb eines kapitalistischen Systems aufgebaut wird, die eben nicht durch Hilfe des Kapitalismus ein Basiselement der Freiheit formt, sondern ihre Mitglieder nur zu Gebrauchswerten innerhalb des Systems bzw. einer scheinbaren Erlebniswelt umpolt. Die Wertekategorien in Form der Anpassung und Konformität werden den Individuen übergestülpt, indem ihre Form Einzug in die individuelle Lebensgestaltung erfolgt. Die dynamischen Aspekte einer sich entwickelnden Gesellschaft erstarren hierbei.

Empörung und Protest bedingen bei Stéphane Hessel gesellschaftliches Engagement. Für ihn bilden daher das Erlernen des Mitgefühls und eine Loslösung von egozentrischen Strukturen, die das ökonomische System hervorgerufen hat, den Kerngedanken seiner Arbeit. Seine Kritik bezieht er auf eine unsolidarische Leistungsgesellschaft, die forciert, dass nur noch der Stärkere als alleiniger Gewinner eines ökonomischen Systems überlebt.[163] Er stößt damit Überlegungen an, die zum Nachdenken anregen, ähnlich wie die Reflexionen des Protagonisten, der in Form von ästhetischen Blickzusammenhängen die Auseinandersetzung mit der Gesellschaft anstrebt und dabei die Rezipienten ebenfalls zum weiteren Nachdenken auffordert. Der Protagonist erweist sich als Projektionsfläche eines fluktuierenden Gedankenkonstruktes und verortet sich immer am Fluchtpunkt der Verstehensanfänge in der Auseinandersetzung mit sich selbst und den ihn betreffenden gesellschaftlichen Verhältnissen.

Matthias Hoffmann analysiert die Gesellschaftskritik in *Das Glück in glücksfernen Zeiten* in Zusammenhang mit Gesellschaftsanalysen der Gegenwart. Gerade das Idealbild einer Gesellschaft mit Werten wie Solidarität, Empathie und Menschlichkeit wird in der gegenwärtigen ökonomischen Konstellation abgelöst durch Egozentrik, Gier und Missgunst. Diese neuen „Werte" werden als akzeptierte Norm etabliert. Obwohl Gerhard Warlich zunächst in gesicherten Verhältnissen lebt,

163 Vgl. dazu Hessel, Stéphane: An die Empörten dieser Erde! Vom Protest zum Handeln. Hrsg. von Roland Merk. Berlin 2012.

stellt er diese Glückspropaganda in Frage. Auch er durchschaut das „Müssen nur Wollen"[164]- Prinzip seiner ihn umgebenden gesellschaftlichen Wirklichkeit. Den Überlegungen von Matthias Hoffmann stimme ich zu, da er genau die Verkehrung eines Ideals einer Solidargemeinschaft in eine Zwangsbeglückung für alle beschreibt. Besonders den Spagat zwischen Menschlichkeit und Maskerade am Beispiel der Lebenswelt des Protagonisten stellt er genau heraus.

Das Scheitern als aktiver Lernprozess ist ebenfalls Bestandteil der Arbeit von Jennifer Pavlik.[165] Auch Matthias Hoffmann gewinnt parallel zu Jennifer Pavlik dem Scheitern eine positive Konnotation ab und entzieht ihm damit sein gesellschaftliches Stigma.

Im Gegensatz zu Anne Schmuck[166], die eine Identitätsstiftung in der Kleidung erkennt, fügt Matthias Hoffmann der Kleidung im Roman *Das Glück in glücksfernen Zeiten* noch den Aspekt der Kommunikation hinzu.

164 In Anlehnung an das Lied „*Müssen nur wollen*" von der Musikgruppe Wir sind Helden aus dem Jahr 2003, die sich selbst kritisch gegenüber gegenwärtigen gesellschaftlichen Entwicklungen äußerten. Hamburg 2003.

165 Vgl. Pavlik, Jennifer S. 197 f.

166 Vgl. Schmuck, Anne S. 225.

2. Das Subjekt in der Arbeits- und Konsumwelt

2.1 Aufbegehren in der Gesellschaftstheorie von Sigmund Freud

> Wenn aber eine Kultur es nicht darüber hinaus gebracht hat, daß die Befriedigung einer Anzahl von Teilnehmern die Unterdrückung einer anderen, vielleicht der Mehrzahl, zur Voraussetzung hat (und dies ist bei allen gegenwärtigen Kulturen der Fall), so ist es begreiflich, daß die Unterdrückten eine intensive Feindseligkeit gegen die Kultur entwickeln, die sie durch ihre Arbeit ermöglichen, an deren Gütern sie aber einen zu geringen Anteil haben. Eine Verinnerlichung der Kulturverbote darf man aber dann bei den Unterdrückten nicht erwarten, dieselben sind vielmehr nicht bereit, diese Verbote anzuerkennen, bestrebt, die Kultur selbst zu zerstören, eventuell selbst ihre Voraussetzungen aufzuheben [...]. Es braucht nicht gesagt zu werden, daß eine Kultur, welche eine so große Zahl von Teilnehmern unbefriedigt läßt und zur Auflehnung treibt, weder Aussicht hat, sich dauernd zu erhalten, noch es verdient.[167]

Die kritische Gesellschaftstheorie von Sigmund Freud analysiert die Diskrepanz zwischen den enormen kulturellen Möglichkeiten der Menschen und deren Einschränkung durch reale Herrschaftsverhältnisse.[168] Die Protagonisten in den Romanen *Das Glück in glücksfernen Zeiten* und *Mittelmäßiges Heimweh* von Wilhelm Genazino werden ebenfalls in ihren Fähigkeiten und Fertigkeiten durch die Gesellschaft eingeschränkt. Besonders die bildungstheoretischen Ideen des Protagonisten mit seiner „Schule der Besänftigung“ in *Das Glück in glücksfernen Zeiten* werden durch die gesellschaftliche Institution des Kulturamtes der Stadt abgelehnt.[169] Eigeninitiativen und Teilhabe in Form von Mitbestimmung innerhalb der Arbeitsstelle werden mit einer Entlassung „bestraft“.[170] Insofern lassen sich die Verweigerungen an der

167 Siehe Freud, Sigmund: Die Zukunft einer Illusion. Gesammelte Werke XIV. Internationaler Psychoanalytischer Verlag Leipzig, Wien und Zürich 1927. S. 333.

168 Vgl. List, Eveline: Psychoanalyse. 2. Auflage. Facultas Verlag Wien 2014. S. 205.

169 Siehe Genazino, Wilhelm: Das Glück in glücksfernen Zeiten. S. 77 f.

170 Siehe ebd. S. 105.

gesellschaftlich genormten Teilhabe von Gerhard Warlich nachvollziehen. „So sitze ich friedlich am Straßenrand und gehöre schon fast zu ihnen. Ich beneide die Anarchisten in gewisser Weise, weil sie ihre Unzugehörigkeit darstellen können. Meine Unzugehörigkeit war immer ganz innerlich und verweigerte jede Darstellung."[171] Obwohl er seine Verweigerung nicht öffentlich darstellt, bekundet er dennoch seine Nichtzugehörigkeit zu der gegenwärtigen Gesellschaft. Seine Bewunderung der Anarchisten deutet auf die ablehnende Haltung des Protagonisten gegenüber dem gesellschaftlich akzeptierten Wirtschaftssystem hin. Offensichtlich stimmen für ihn deren Rahmenbedingungen nicht mehr, da er sich nicht unter diesen Gegebenheiten integrieren kann und will.

Der Protagonist in *Mittelmäßiges Heimweh* verliert durch die Mittelmäßigkeit seiner Existenz[172] die familiäre Geborgenheit. Obwohl er beruflich erfolgreich ist, entgleitet ihm sein Privatleben. Er lehnt sich gegen die gesellschaftlich konnotierte Mittelmäßigkeit auf, indem er sich von den Zwängen der bürgerlichen Ehe lossagt. Letztlich bedeutet die Auflehnung in Form der Scheidung für ihn die erdachte Befreiung, die ihn gedanklich und räumlich beflügelt.

2.2 Die Paradoxie der Konsumidentität

Die Verortung des Subjekts in der Gesellschaft ist stark verbunden im Zusammenhang mit dem Konsum. Der Konsum als fester Bestandteil der gegenwärtigen Gesellschaft sorgt für ein kontinuierliches Begehren der Subjekte. „Es zeichnet sich ab, daß der Kommerz der finale Antrieb der westlichen Zivilisation bleiben wird."[173] Daraus ergibt sich die Frage als kritisches Moment, wie dieser Konsum in den Romanen Wilhelm Genazinos dargestellt wird und welche Implikationen für das Subjekt und dessen Identität sich hier herausbilden. Bereits in dem Romananfang in *Das Glück in glücksfernen Zeiten*, wo die Szene den Pro-

171 Siehe ebd. S. 100.

172 Vgl. Marx, Friedhelm: Erzählfiguren der Verrückung im Werk Wilhelm Genazinos S. 57 f.

173 Siehe Genazino, Wilhelm: Von der Bruchbudenhaftigkeit des Schönen, in: Ders.: Idyllen der Halbnatur. München 2012. S. 12.

tagonisten nach seinem Arbeitstag in ein Straßencafé führt, lässt die Goldränder einer Leistungsgesellschaft erscheinen, die sich nach der Erwerbsarbeit dem Konsum als Entspannungshilfe hingibt.[174] Bereits die uniformartige Kleidung der jungen Kellner deutet auf eine Konsumstruktur hin, indem ihre Beschriftung auf dem Rücken einen Aufdruck des Café-Angebots enthält. Es findet eine sofortige Konfrontation mit der Gesamtfülle der Angebote statt, was auf der einen Seite suggeriert, dass man ein großes Angebot präsentiert bekommt und auf der anderen Seite steht die einheitliche Dienstkleidung für eine Form der Identität der Kellner mit dem Café, da ihre Bekleidung eine Einheit in der Außendarstellung bewirkt. Gleichzeitig dienen die Angestellten nur als lebender Werbeträger für die feilgebotenen Produkte und nur die Kleidung selbst wird zum Identifikationsfaktor, denn ihre menschlichen Träger sind jederzeit ersetzbar. In diesem Kontext beobachtet der Protagonist eine weitere aufschlussreiche Szene.

> Ein Trompeter kommt, hängt seine Plastiktüte an den Pfosten, tritt vor die Leute hin und spielt. Mich frappiert, wie schnell der Trompeter eingesteht, daß er erstens die Trompete kaum beherrscht und zweitens gar nicht Trompete spielen will, sondern lieber betteln möchte. Er bläst nur ein paar Takte, dann geht er von Tisch zu Tisch und hält den Café-Gästen einen Pappbecher hin. Es erstaunt mich, daß die Leute dem Trompeter trotz seines dürftigen Auftritts reichlich Geld spenden.[175]

In dieser Szene wird ein Marketingmechanismus der Gegenwart besonders deutlich zum Ausdruck gebracht. Sich in einem Café zu befinden und Instrumentalmusik zu hören, suggeriert ein kulturelles Gefühl, das entsprechend eine bestimmte Lebenshaltung anspricht. Diese wird durch den Trompeter bedient und ausgenutzt. Der Akt des Bettelns wird durch den Trompeter durch einen Schein, indem er die Wünsche nach einem kulturellen Ambiente bedient und dabei offensichtlich geschickt seine musikalischen Eigeninterpretationen kaschiert, erzeugt.[176] Innerhalb einer Erlebnisgesellschaft wird entsprechend der Strategie des Marketings das eigentliche Produkt durch ästhetische Begriffe oder Empfindungen ergänzt, um den Konsumenten

174 Vgl. Genazino, Wilhelm: Das Glück in glücksfernen Zeiten. S. 7.

175 Siehe ebd. S. 9.

176 Vgl. Schulze, Gerhard: Die Erlebnisgesellschaft. 8. Auflage. Campus Verlag Frankfurt am Main 2000. S. 431.

und sein Lebensgefühl oder seine Empfindungen zu bedienen. Lebensstil als Konsumgut innerhalb einer Erlebnisgesellschaft betrifft viele Bereiche der Alltagswelt und enthält den Aspekt der neuen Fremdwahrnehmung. Schon die Wahlmöglichkeit des Konsumortes oder Produktes bietet den Konsumenten eine Option der eigenen Darstellung innerhalb der Erlebnisgesellschaft.[177] Dies beinhaltet, dass damit ein Rückschluss auf eine Persönlichkeit durch die Auswahl vom Ort oder Produkt gezogen wird. Dem Konsum wird in diesem Kontext die Rolle der Kommunikation zugeschrieben, da über Konsumentscheidungen Aussagen und Empfindungen ausgedrückt werden.

In gewisser Weise wird das Verhältnis von einem Objekt zu seinem Symbol oder Sinnbild umgedreht, so dass nicht das Bild das Produkt repräsentiert, sondern umgekehrt das Produkt ein Bild herstellt. Somit wird der Mensch zu einem Konsumenten seines eigenen Lebens.[178] Kulturelle Erfahrung verwandelt sich dementsprechend zu einem Lifestyle-Produkt. Daraus entsteht eine Verdinglichung der Erfahrung, indem das Subjekt immer weniger materielle Produkte erwirbt, als vielmehr an einem bestimmten Lebensstil teilnimmt.

Lebensstil ist in diesem Zusammenhang nicht mit dem Begriff Lifestyle gleichzusetzen, denn Lifestyle umfasst nicht alle menschlichen Lebensstile. Der Lifestyle richtet sich vorrangig an jene Lebensweisen, für die Konsum, persönliches Vergnügen und körperliche sowie soziale Selbstdarstellung im Vordergrund stehen. Folglich ist der Terminus Lifestyle eng mit Konsum verknüpft, da es unendlich viele Lifestyles gibt. Die musikalische Kultur in der Cafészene wird somit zur Rubrik Lifestyle degradiert, da man sie beliebig konsumieren kann und sie ein Identitätspotential suggeriert. Der Protagonist in *Das Glück in glücksfernen Zeiten* ist mit Schamgefühlen besetzt, als er seine Einkaufstüten unter den Cafétisch zu schieben versucht.

> Ich empfinde Scham über die Konsum-Parolen auf meinen beiden Plastiktüten. […] [I]ch schiebe meine Plastiktüten so unter den Café-Tisch,

177 Vgl. Schreiner, Patrick: Unterwerfung als Freiheit. Leben im Neoliberalismus. PapyRossa Verlag Köln 2015. Insbesondere Kapitel 10: Ich kaufe, also bin ich. Lifestyle und Konsum. S. 95 f.

178 Vgl. Žižek, Slavoj: Die bösen Geister des himmlischen Bereichs. Der linke Kampf um das 21. Jahrhundert. 2. Auflage. S. Fischer Verlag Frankfurt am Main 2011. S. 259.

> daß niemand mehr ihre Aufdrucke lesen kann. Leider bin ich voller Mißtrauen in unsere Zustände. Dem jungen Paar möchte ich meine Erschöpfung zeigen, damit die beiden jetzt schon ein Gefühl davon haben, wie auch ihre Zukunft ausschauen wird. Wenn dieses Gefühl ein allgemeines werden könnte, würden wir in einer angenehmeren Welt leben.[179]

Nicht nur die Botschaft, wonach man den persönlichen Geschmack einer Person und deren ökonomischen Status anhand der beschrifteten Plastiktüte erkennen kann, sondern auch die für den Produzenten der Tüten kostenlose Werbung durch die menschlichen Träger impliziert das Marketingansinnen der Unternehmen. Gerhard Warlich hat dieses „Spiel" durchschaut, indem er seine Einkaufstüten verdeckt und sich misstrauisch gegenüber „unsere[n] Zuständen" äußert. Er empfindet Scham, dass er mitwirkt an den Mechanismen der ökonomischen Instrumentalisierung. Außerdem betont er das Erschöpfungsmoment nach dem Arbeiten bzw. dem Einkaufen und projiziert seine Erfahrung auf die nächste Generation. Sein Gefühl der eigenen Bewusstwerdung der gesellschaftlichen Zustände der Erschöpfung[180] versucht er zumindest gedanklich an die nachfolgende Generation weiterzugeben. Somit ist eine gewisse Reflexivität Voraussetzung für die Verkettung all dieser Umstände, um damit den vermeintlichen Manipulationsgehalt des modernen Lebens respektive die Paradoxie gewisser Mechanismen überhaupt zu bemerken und letztlich zu durchschauen.

Eine weitere Form von Konsumkritik in den Romanen Wilhelm Genazinos findet sich insbesondere bei der menschlichen Kleidung. Kleidung bildet personale Identität aus und ist damit in einen kulturphilosophischen Kontext eingebunden. Abseits ihrer Schutzwirkung für den menschlichen Körper setzt sie ihre Träger in Szene und drückt somit eine persönliche Haltung zur Identifikation oder Gruppen- oder Nichtzugehörigkeit aus.[181] Kleidung hat bei Wilhelm Genazino die Funktion des Beobachtungsmotivs, sie erhält hierbei einen Zeichencharakter. Die Protagonisten betrachten ihre eigene Kleidung und die der anderen Figuren. Dabei projizieren sie Gefühle und Erwartungen in die Kleidungsstücke, indem diese ein Sinnbild für den Protagonisten

179 Siehe Genazino, Wilhelm: Das Glück in glücksfernen Zeiten. S. 8.

180 Vgl. Ehrenberg, Alain: Das erschöpfte Selbst. Depression und Gesellschaft der Gegenwart. Suhrkamp Verlag Frankfurt am Main 2008.

181 Vgl. Schmuck, Anne S. 225.

und die Figuren erzeugen. Kleidung kann entsprechend auch die eigene Vergänglichkeit im Sinne des Memento mori des Menschen verhüllen. „Der merkwürdige Eifer, mit dem die Menschen ihre schadhaft gewordene Kleidung wegwerfen, ist für mich ein signifikanter Hinweis auf die Leugnung jener Vorgänge, auf die zerfallene Kleidung gerade hinweisen möchte."[182] Der Protagonist bemerkt hier, dass die Menschen sich selbst verleugnen, indem sie ihre vom alltäglichen Leben zerfallene und schadhafte Kleidung mit Eifer wegwerfen. Um ihre bevorzugte gesellschaftliche Identität aufrechtzuerhalten, entledigen sie sich ihrer mit den Spuren des Lebens behafteten Kleidung.

Kleidung hat entsprechend eine Doppelgängerfunktion innerhalb des gesellschaftlichen Kontextes in den Romanen Wilhelm Genazinos. Sie erschafft Identität und bündelt die Gefühle der Unsicherheit und Desintegration.[183] Auch die Lebensentwürfe der Protagonisten enthalten ein Doppelgängermotiv. Alexander Honold benennt diesen Aspekt des Doppelgängers in den beruflichen Perspektiven der Protagonisten in ihrem gesellschaftlichen Kontext.[184] Hierbei gibt es eine Parallelität zwischen den beiden Doppelgängermotiven, da die Kleidung einerseits in den gesellschaftlichen Kontext von Innen- und Außenwelt, Identitätsstiftung und Anerkennung fungiert und andererseits die berufliche Anstellung als Mittel zum Zweck und die sinnstiftende künstlerische Laufbahn als Ausgleich, in Form des Journalismus oder der Philosophischen Schule, besteht. Diese Doppelgängermotivik bildet das Fundament der Gesellschafts- und Konsumkritik. Es steht für das Verhältnis zwischen Abstand und Zugehörigkeit zur bürgerlichen Gesellschaft.

Zur Konsumkritik gehören auch Möbelstücke in der Wohnung des Protagonisten. Entgegen dem gegenwärtigen gesellschaftlichen Imperativ des Neuanschaffens von verbrauchten Gegenständen stemmt sich der Protagonist gegen die Wegwerfmentalität seiner Mitmenschen.

> Auch besorgt mich, daß ich mit dem immer schlechter werdenden Empfang meines kleinen Radios einverstanden bin. Ich müßte das alte Radio entschlossen wegwerfen und mir ebenso entschlossen ein neues Radio kaufen. Ebenso entschlossen müßte ich mein Apartment kündigen und

182 Siehe Genazino, Wilhelm: Das Glück in glücksfernen Zeiten. S. 18.

183 Vgl. Schmuck, Anne S. 236.

184 Vgl. Honold, Alexander S. 43.

mir eine neue große Wohnung suchen und sie repräsentativ einrichten. Nichts davon geschieht.[185]

Gedanklich entwickelt der Protagonist sogar eine Steigerung, indem das neue Radio in einer größeren Wohnung zum Repräsentieren seinen Platz finden sollte. Jedoch entlarvt er das gesellschaftliche Glücksversprechen des Konsums und belässt den eigenen Mangelzustand, der für ihn im Gegensatz zu seinen Mitmenschen keinen Mangel darstellt. Er arrangiert sich mit der ihm gegebenen Situation. „Ich gebe zu, daß ich mein angeschlagenes Radio nicht missen möchte, obwohl ich auch kein Eigenbrötler werden will."[186] Ähnlich wie die gemarterten Kleidungsstücke fungiert das alte Radio hier für die Spuren des Lebens, die er in diesem Gegenstand bündelt. Gleichzeitig will er aber nicht aus der Gesellschaft ausgeschlossen werden und als Eigenbrötler gelten. Insofern verbleibt das alte Radio im Verborgenen des Privaten, wie das zerschlissene Unterhemd, das nur verdeckt aufgetragen wird. Der Protagonist will offensichtlich nicht provozieren, sondern nur stiller Beobachter der Gesellschaft sein.[187] Seine privaten Abweichungen, die nicht der gesellschaftlichen Norm entsprechen, behält er für sich. Seine Kritik an den gesellschaftlichen Zuständen verharrt in seinen Gedanken, seine Handlungen sind lediglich ein Zaudern.

2.3 Entfremdung und Verdinglichung bei Karl Marx

Die Begriffe Entfremdung und Verdinglichung bilden bei Karl Marx einen Zustand des menschlichen Lebens, des Arbeitens und des Bewusstseins, in dem der arbeitende Mensch völlig abgetrennt ist von der Möglichkeit der Selbstwahrnehmung, des Selbstaneignens seines von ihm geschaffenen Produkts und des Selbstverstehens seiner Lage. Dies ist bedingt durch die Verwandlung des Menschen zum Mittel („Ware") und nicht mehr im ursprünglichen Sinn als Zweck an sich Selbst seiender Mensch in der Arbeitsgesellschaft.[188] Entfremdung findet beim ar-

185 Siehe Genazino, Wilhelm: Mittelmäßiges Heimweh. S. 112.
186 Siehe ebd. S. 133.
187 Vgl. Marx, Friedhelm S. 57 f.
188 Vgl. Ternes, Bernd: Karl Marx. Eine Einführung. UVK Verlag Konstanz 2008. S. 288.

beitenden Menschen in Form von Arbeitsentfremdung, von Produktentfremdung, von Selbstentfremdung, Naturentfremdung und Entfremdung von anderen Mitmenschen statt. Im Kapitalismus kommt diese Entfremdung nach Karl Marx zu ihrer höchsten Hervorbringung. Verdinglichung hingegen differenziert sich von der Entfremdung nicht in der Sache, sondern in der argumentativen Herleitung. Karl Marx konstatierte entfremdende und entfremdete Formen maßgeblich auf der Basis eines historisch-anthropologischen, in etwa eines humanistischen Ansatzes, so beschrieb er später verdinglichende und verdinglichte Formen hauptsächlich von einer formalen, politökonomischen, fast sachlich grundierten Position aus.

2.4 Kritik der „Leistungsgesellschaft" – das entfremdete Subjekt

Besonders im Roman *Das Glück in glücksfernen Zeiten* hadert der Protagonist mit den Anforderungen der Leistungsgesellschaft. Obwohl er einen hohen akademischen Bildungsabschluss in Form seiner Promotion erlangt hat, zwingt ihn die gegenwärtige gesellschaftliche Struktur in eine seiner Qualifikation nicht entsprechende Arbeitsstelle. Das aufgezwungene Angestelltendasein entfremdet ihn zunächst und hält ihn in einem Würgegriff.

> Der Angestellte dagegen wollte keineswegs von Anfang an Angestellter werden, im Gegenteil. Er ist erst durch das Scheitern anderer, hochfliegender Pläne unfreiwillig ein Angestellter geworden. Durch diese Unfreiwilligkeit ist in seiner Psyche so etwas wie eine melancholische Renitenz entstanden. Renitenz heißt Vorbehalt beziehungsweise Reserve beziehungsweise Zurückhaltung beziehungsweise Verharrung. Melancholische Renitenz geht über das dauerhafte Beschweigen der Selbstbeschwichtigung zwar hinaus, erreicht aber keineswegs Formen des Protests und der Verweigerung.[189]

Der Protagonist Gerhard Warlich arrangiert sich mit seiner Arbeitssituation und übt lediglich implizite Kritik an seiner Situation. Das Einfühlungsvermögen des Protagonisten bei seiner Tätigkeit befremdet

189 Vgl. Genazino, Wilhelm: Melancholische Renitenz. Bamberger Vorlesungen I, in: Ders.: Idyllen der Halbnatur. München 2012. S. 40.

seinen Vorgesetzten.[190] Der Effizienzgedanke des Vorgesetzten, der seinen Profit in der Großwäscherei steigern will, entfremdet Gerhard Warlich von seiner Arbeit, da er als Philosoph möglichst nach langfristigen und menschlichen Lösungen sucht. Effizienz jedoch entzweit die Zwischenmenschlichkeit. Der Aspekt der Entfremdung von Zwischenmenschlichkeit wird besonders in der Szene mit den Putzfrauen im Büro der Wäscherei deutlich.

> Heute kommen die Putzfrauen schon am frühen Nachmittag, weil sie sonst ihr Pensum nicht schaffen. Frau Kahlert wischt den Schreibtisch ab, an dem ich arbeite. Ich lehne mich zurück und warte. Frau Kahlert ist etwa zwanzig Jahre älter als ich. Ich ahne, daß sie es skandalös findet, daß eine so eine alte Frau den Schreibtisch eines noch jungen Mannes wischen muß. Ihre Kollegin (ich habe ihren Namen vergessen) redet ins Ungefähre und stopft dabei Büromüll in einen riesigen blauen Plastiksack, den sie hinter sich herzieht. Das Geräusch ihres Sprechens verschwindet im Knittern des Plastiksacks, so daß der Eindruck entsteht, auch ihr Reden sei Abfall.[191]

Die gegenwärtigen Verhältnisse geben hierbei Anlass zur Kritik, da die eine Putzfrau als namenlose Person beschrieben wird und ihre menschliche Stimme während der Abfallentsorgung untergeht. Ihre Stimme als persönliches Identitätsmerkmal wird dem gegenständlichen Müll gleichgesetzt. Damit wird sie nicht als Mensch wahrgenommen und respektiert, sondern lediglich als reine Arbeitskraft, die entfremdet auf ihre bloße Arbeit reduziert ist. Ihre identitätsstiftenden zwischenmenschlichen Merkmale werden ihr abgesprochen.[192] Durch diesen Entzug ihrer identitätsstiftenden zwischenmenschlichen Merkmale findet eine Entmenschlichung statt und bildet somit die höchste Form der Entfremdung, da sie ihrer Tätigkeit und ihrem menschlichen Dasein entfremdet ist. Die andere Putzfrau, deren Namen Gerhard Warlich bekannt ist, berührt ihn hingegen peinlich, da er der Annahme ist, dass sie es skandalös fände, dass sie den Schreibtisch eines jüngeren Mannes reinigen müsse. Hinzu kommt in dieser Passage das Element des Zeitdrucks, unter dem die beiden Frauen arbeiten müssen,

190 Vgl. Genazino, Wilhelm: Das Glück in glücksfernen Zeiten. S. 89.

191 Siehe Ebd. S. 104 f.

192 Vgl. Hoffmann, Matthias. S. 164.

damit sie entsprechend ihr Arbeitspensum erreichen können.[193] Die Zeit hat sich entsprechend der Effizienz zu einer entscheidenden Position in der kapitalistischen Gesellschaft formiert. Dabei findet eine Gleichsetzung des Menschen mit einer Maschine statt, dessen Leistung parallel zur Maschine im Sinne der Effizienz immer weiter gesteigert werden kann, um damit eine Gewinnmaximierung zu erreichen. Durch diese Gleichsetzung mit einer Maschine wird der Mensch von sich selbst und seiner Tätigkeit entfremdet. Auch Gerhard Warlich wird in seiner Tätigkeit in diese Optimierung hineingezwungen, als er vom Geschäftsführer der Großwäscherei zu Umsatzsteigerung und Profitdenken aufgefordert wird.[194]

Auch das Geld als Zahlungsmittel in der gegenwärtigen Gesellschaft wird von Gerhard Warlich als abstraktes Symbol für die kommenden Bewährungen des Lebens kritisch betrachtet.

> Aus Langeweile spiele ich mit dem Kleingeld in meiner Hosentasche. Ich habe es gern, wenn sich in meinen Hosentaschen Münzen ansammeln. Es darf sich allerdings nicht zuviel Kleingeld ansammeln, weil ich dann nämlich glaube, das Kleingeld sei ein Indiz für meine kommende Bewährung im Lebenskampf. [...] Es müßte jetzt etwas Einfaches geschehen, damit ich nicht in eine problematische Stimmung hineinrutsche. Wenn es eine Metzgerei in der Nähe gäbe, würde ich mir jetzt eine Wurst und ein Stück Brot kaufen. Die Scheibe Brot würde ich nicht essen, sondern in meine Brieftasche stecken und mir vorstellen, ich würde die Scheibe Brot bei nächster Gelegenheit anstelle meiner Brieftasche aus der Tasche ziehen und sie jemanden anstelle eines Geldscheins hinhalten.[195]

In dieser Szene werden dem Geld mehrere Bedeutungen zugeteilt. Es ist nicht ausschließlich bloßes Zahlungsmittel, sondern es wird umkodiert, indem es ein Träger der Angst vor Arbeitslosigkeit wird. Im weiteren Verlauf nimmt der Protagonist dem Geld den Schrecken, indem er sich in seiner Phantasie vorstellt, dass er das Geld als Zahlungsmittel

---

193 Auch in *Tarzan am Main* befasst sich Wilhelm Genazino mit dem Beruf der Putzfrau. Hier führt er an, dass er ein völlig überkommenes Bild von Putzfrauen habe, weil er die heutigen Reinigungsdamen ob ihres Kleidungsstils eher in die Kategorie von Filmstars einordnet. Folglich mutmaßt er, dass sie diesen Job als zweite Einnahmequelle verrichten, da ein einziger Job für ihr konsumorientiertes Leben nicht ausreiche. Vgl. Genazino, Wilhelm: Tarzan am Main. Spaziergänge in der Mitte Deutschlands. München 2013. S. 87 f.

194 Vgl. Genazino, Wilhelm: Das Glück in glücksfernen Zeiten. S. 104.

195 Siehe ebd. S. 42 f.

durch eine Brotscheibe ersetzt. Die Angst und die Norm werden dadurch mit Humor durch den Protagonisten vertrieben. Ihnen wird der Schrecken entzogen, was bei Gerhard Warlich für Heiterkeit sorgt.[196] Mit Hilfe des Humors wird den Konventionen der symbolischen Ordnung der Gesellschaft der reelle Impetus genommen oder sie werden letztlich konterkariert. Obwohl es zunächst sonderbar wirkt, so ist das Bezahlen mit einer Scheibe Brot letztlich eine Rückbesinnung an den ursprünglichen Naturalientausch, der durch den Geldverkehr mit Papierscheinen verdrängt wurde.

Die irritierende Brotscheibe in *Das Glück in glücksfernen Zeiten* ist im Kontext des Mittelmaßes und Wahns[197] ein kleines, kurzfristig verstörendes Sonderbarkeitszeichen, das nicht weiter Aufsehen und Empörung erregt. Vielmehr bildet diese Verrückung im kommunikativen Sinn eine Form von Gesellschaftskritik des Nichtanpassens an die Norm des Geldverkehrs und der sozialen Umgangsformen. Darin formiert sich die Balance zwischen Mittelmaß und Wahn, die von dem Protagonisten bewusst eingesetzt wird. Er durchbricht damit als „Ausnahmemensch" die gesellschaftlichen Konventionen, was letztlich seinen gesellschaftlichen Ausschluss befördert. Andersartigkeit und Verrückung bilden hier die gesellschaftliche Exklusion.

Die Darstellung der Stadt, die den Lebensraum der Menschen bildet, ist für Wilhelm Genazino ein weiterer kritischer Beobachtungspunkt. Die Architektur einer Erlebnisgesellschaft nehme den Räumen ihre ursprüngliche Struktur.

> Der Grund der Häßlichkeit liegt darin, daß unsere Räume gezwungen werden, ihre Selbstständigkeit aufzugeben. Eine Wartehalle soll aussehen wie eine Bar, eine Bar soll aussehen wie eine Yacht, eine Yacht soll aussehen wie ein Salon, ein Salon soll aussehen wie ein Palast.[198]

Es zählt somit zum Merkmal der Unterhaltung, dass es immer etwas Neues gibt, neue Erscheinungsformen geschaffen werden, um die Menschen zu faszinieren. Entgegen dieser Erlebniserfahrung von Räumen ist die Beschreibung der Städte, die den Alltag abbilden. Dabei

196 Vgl. ebd. S. 43.

197 Vgl. Marx, Friedhelm S. 66.

198 Siehe Genazino, Wilhelm: Von der Bruchbudenhaftigkeit des Schönen, in: Ders.: Melancholische Renitenz. Bamberger Vorlesungen I, in: Ders.: Idyllen der Halbnatur. München 2012. S. 13.

wird die Stadt als Kontrastprogramm zu einer sich zerstreuenden Gesellschaft präsentiert, als wäre der städtische Lebensraum kein gemeinsam geteilter Ort, den es zu bewahren gilt, oder der auf ein funktionierendes Gemeinwesen folgern ließe. Gerhard Warlich beschreibt auf einer Autofahrt seine persönlichen Empfindungen zur Stadtumgebung entsprechend: „Die Straßenzüge ähneln jetzt immer mehr einem nicht mehr gepflegten Zoo. Die Leute leben zwar, aber sie haben vergessen, wo sie einmal zu Hause waren, so ähnlich wie traurige Zoo-Tiere in ihren Gattern."[199] Der gemeinschaftliche Ort, die Polis, ist entsprechend heruntergekommen und die Folgen einer auf Effizienz ausgerichteten Gesellschaft kommen entsprechend durch überfüllte Abfallkörbe als Zeichen eines überhöhten Konsums, Obdachlose und Gestrandete, die in Eingängen der Kaufhäuser liegen und Läden, in denen Billigwaren angeboten werden, besonders deutlich zum Ausdruck.[200] Die Stadt als Lebensraum zeigt diese Symptome einer auf Effizienz reduzierten Gesellschaft letztlich in allen Bereichen schonungslos auf. Zugleich bemerkt Gerhard Warlich, dass die Leute vergessen hätten, wo sie einmal zu Hause waren, da sie in ihren Alltagsstrukturen eingezwängt sind. Durch die aufgedrängte Effizienz haben sie in ihren Gedanken ihr zu Hause verloren, was einen Verlust von Geborgenheit und Menschlichkeit darstellt. Der eigentliche Polis-Gedanke der gelingenden Gemeinschaft und des öffentlichen Gemeinwesens ist damit verdrängt worden und die Menschen sind sich selbst und ihren Mitmenschen gegenüber entfremdet.

---

199 Siehe Genazino, Wilhelm: Das Glück in glücksfernen Zeiten. S. 40.
200 Vgl. ebd. S. 40.

3. Schlussbemerkung

Die Protagonisten in den Romanen *Das Glück in glücksfernen Zeiten* und *Mittelmäßiges Heimweh* von Wilhelm Genazino hadern mit sich selbst und ihrer Umwelt. Sie sind zwar keine gesellschaftlich ausgeschlossenen Individuen, dennoch führen sie oft ein Doppelleben, um sich einerseits mit den gesellschaftlichen Umständen zu arrangieren und andererseits ihre privaten Bedürfnisse nicht zu verdrängen. Kritik äußern sie explizit an der Alltagswelt des Arbeitslebens, dem sie, trotz ihrer besseren beruflichen Anstellung, keinen Sinn absprechen können. Die Protagonisten verbünden sich nicht mit ihren Arbeitskollegen, sondern mit gesellschaftlich randständigen Personen und Dingen, die sie wieder beruhigen von ihrer existenziellen Anspannung. Kritik wird in kleinen Dosen in Form von kleinen Fluchten, Konsumkritik und Verrückungen geübt, den radikalen Bruch mit der Gesellschaft wagen sie nicht. Vielmehr fungieren sie als kritische Beobachter, die zwischen den Polen des Arbeitslebens und des Privaten jonglieren. Gerade durch die Verrückung setzen sich die Genazinoschen Ich-Erzähler von der Mittelmäßigkeit der sie umgebenden Gesellschaft ab. Ihr anfängliches Scheitern bildet für sie jedoch im Verlauf der Romane ihre größte Möglichkeit zur Veränderung ihrer bisherigen Lebensumstände. Die eingangs einzwängenden Konstellationen werden abgelöst durch freiere Entscheidungen, das Leben wird in die eigene Hand genommen und aktiv gelebt.[201] Letztlich erliegen die teils zaudernden Protagonisten nicht dem gesellschaftlich propagierten Glücksversprechen und bewahren sich somit ihre eigene Identität trotz der für sie erdrückenden Umstände. Die Protagonisten betrachten die Gesellschaft kritisch von einer für sie bestimmten Warte aus. Obwohl sie sich mit den Umständen arrangieren, begehren sie gegen diese kontinuierlich auf.

---

201 Vgl. dazu vor allem Genazino, Wilhelm: Mittelmäßiges Heinweh S. 150 und Ders.: Das Glück in glücksfernen Zeiten S. 158.

3.1 Ausblick zum aktuellen Roman *Außer uns spricht niemand über uns*

In Wilhelm Genazinos aktuellen Roman *Außer uns spricht niemand über uns* herrscht ein ähnlicher Konflikt zwischen gelebter Individualität in Form des ästhetisch Künstlerischen und den gesellschaftlichen Anforderungen der Verdinglichung des Erwerbslebens. Der Protagonist ist ausgebildeter Schauspieler und auch ihm werden seiner Qualifikation entsprechende Engagements verwehrt, analog zum Philosophiestudium des Protagonisten in *Das Glück in glücksfernen Zeiten*. Als zusätzliche Komponente des gesellschaftlichen Drucks fungieren die Schwiegereltern des Protagonisten in *Außer uns spricht niemand über uns*.[202] Als Künstler steht er konträr zu den bürgerlichen Konventionen der Schwiegereltern seiner Lebensgefährtin. Auch „die Lügen des Arbeitslebens“[203] durchschaut er und hadert mit seinem „Schicksal als Rundfunksprecher“. Einen Fluchtpunkt bildet für ihn ebenfalls der Bahnhof. Vielmehr sucht er offensichtlich die ruhige Einsamkeit um dem eigenen Leben auf die Spur zu kommen und um seine Bedeutsamkeit zu erfahren.[204] Er verbündet sich auf seinen Streifzügen durch Frankfurt am Main mit „halb ausgestoßenen Menschen“, deren „vernachlässigte Kleidung“[205] ihn beeindruckt. Nicht das Perfekte und das Konventionelle, sondern das Ausgestoßene und Vernachlässigte erzeugen hierbei für ihn einen Bezugspunkt. Gleichzeitig stellt der Protagonist die Warum-Frage nach der Verlorenheit und Verlassenheit der Menschen in der Gegenwartsgesellschaft. Offensichtlich hat hierbei eine Entfremdung der Menschen stattgefunden, die diese Frage evoziert. Diese Frage führt zur Überlegung, ob die Menschen ihre Lage bemerkt hätten oder diese gar akzeptierten.

Eine gesellschaftlich geformte Machtinstanz stellt das Arbeitsamt dar. Bei fehlenden Engagements droht die Behörde mit Umschulung und der Protagonist wird dadurch in die Angst versetzt, seinen Beruf zu verlieren. „Durch die Gewalt des Arbeitsamtes glitt ich in eine

202 Vgl. Genazino, Wilhelm: Außer uns spricht niemand über uns. Hanser Verlag München 2016. S. 25.

203 Siehe ebd. S. 64.

204 Vgl. ebd. S. 65.

205 Siehe ebd. S. 68.

Überforderung, von dort hinüber in die Verzweiflung, von hier aus weiter in die mich fast erstickende Bitternis, von wo aus das endgültig bodenlose Schicksal sichtbar wurde.“[206] Nicht die Fähigkeiten und Fertigkeiten einer menschlichen Berufung, sondern vielmehr die warenförmige Verwertbarkeit des Menschen soll durch die Machtinstanz Arbeitsamt formiert werden. Die Folgen sind Überforderung und Verzweiflung.

Konsumkritik äußert der Protagonist in Form von seiner Angst „[v]or diesen Kaufmenschen in den Warenhäusern“.[207] Das Einkaufen als gesellschaftlicher Erlebnis- und Freizeitakt verachtet er, mehr noch, es bereitet ihm Angst ein Kaufhaus zu betreten und sich dem „Nahkampf“ auszusetzen. Das gesellschaftliche Paradigma des Konsums durchschaut und kritisiert der Protagonist vehement analog zu den Protagonisten in den Romanen *Das Glück in glücksfernen Zeiten* und *Mittelmäßiges Heimweh*. Auch das Individuum im aktuellen Roman *Außer uns spricht niemand über uns* leidet an der Gesellschaft mit ihren Umständen und sucht sich eine Nische, um darin überleben zu können.

206 Siehe ebd. S. 90.
207 Siehe ebd. S. 105.

4. Literaturverzeichnis

4.1 Quellenliteratur

Genazino, Wilhelm: Abschaffel-Trilogie. Carl Hanser Verlag München 2004. Einmalige Sonderausgabe zu Frankfurt liest ein Buch 2011.

Genazino, Wilhelm: Außer uns spricht niemand über uns. Hanser Verlag München 2016.

Genazino, Wilhelm: Das Glück in glücksfernen Zeiten. Deutscher Taschenbuch Verlag München 3. Auflage 2014.

Genazino, Wilhelm: Eine Frau, eine Wohnung, ein Roman. München 2003.

Genazino, Wilhelm: Ein Regenschirm für diesen Tag. Deutscher Taschenbuch Verlag München 2003.

Genazino, Wilhelm: Mittelmäßiges Heimweh. Deutscher Taschenbuch Verlag München 2008.

Genazino, Wilhelm: Tarzan am Main. Spaziergänge in der Mitte Deutschlands. München 2013.

Musil, Robert: Die Amsel. 13. Auflage. Rowohlt Verlag Reinbek bei Hamburg 2000.

4.2 Forschungsliteratur

Amann, Wilhelm: „Doppelleben". Begründung von Autorschaft in Wilhelm Genazinos *Eine Frau, eine Wohnung, ein Roman*, in: Heinz Ludwig Arnold (Hrsg.): Wilhelm Genazino. Edition Text + Kritik 162. München 2004.

Balke, Florian: Frankfurt-Buch von Genazino. Neues vom Nachtleben der Mäuse. Wilhelm Genazino hat ein Frankfurt-Buch herausgebracht. „Tarzan am Main – Spaziergänge in der Mitte Deutschlands" handelt vom Flanieren und Schreiben, in: Frankfurter Allgemeine Zeitung vom 28.01.2013.

Bähr, Andreas: Schiffbruch ohne Zuschauer? Überlegungen zur heuristischen Kategorie des Scheiterns aus der Perspektive moralischer Ausweglosigkeit im 18. Jahrhundert, in: Stefan Zahlmann / Sylka Scholz (Hg.): Scheitern und Biographie. Die andere Seite moderner Lebensgeschichten. Psychosozial-Verlag Gießen 2004.

Bartl, Andrea und Marx, Friedhelm: Wiederholte „Verstehensanfänge". Das literarische Werk Wilhelm Genazinos, in: Verstehensanfänge. Das literarische Werk Wilhelm Genazinos. Hrsg. von Andrea Bartl und Friedhelm Marx. Wallstein Verlag Göttingen 2011.

Benjamin, Walter: Über einige Motive bei Baudelaire, in: Ders.: Charles Baudelaire. Ein Lyriker im Zeitalter des Hochkapitalismus. Herausgegeben von Rolf Tiedemann. Suhrkamp Verlag Frankfurt am Main 1974.

Bolz, Norbert: Die Sinngesellschaft. Düsseldorf 1997.

Bombek, Marita: Kleider der Vernunft. Die Vorgeschichte bürgerlicher Präsentation und Repräsentation in der Kleidung. Münster 2005.

Bucheli, Roman: Die Begierde des Rettens. Wilhelm Genazinos Poetik des genauen Blicks, in: Heinz Ludwig Arnold (Hrsg.): Wilhelm Genazino. Edition Text + Kritik 162. München 2004.

Butler, Judith: Bodies that matter. On the discursive limits of „sex". New York 1993.

Ehrenberg, Alain: Das erschöpfte Selbst. Depression und Gesellschaft der Gegenwart. Suhrkamp Verlag Frankfurt am Main 2008.

Ehrenberg, Alain: Das Unbehagen in der Gesellschaft. Berlin 2011.

Enzensberger, Hans Magnus: Mittelmaß und Wahn. Ein Vorschlag zur Güte, in: Hans Magnus Enzensberger: Mittelmaß und Wahn. Gesammelte Zerstreuungen. Frankfurt am Main 1991.

Fischer, Melanie: Ding-Diskurs. Darstellung der Dingwelt bei Wilhelm Genazino. Waterloo 2004. https://uwspace.uwaterloo.ca/handle/10012/752 (abgerufen am 06.07.2017).

Foucault, Michel: Die Ordnung der Dinge. Eine Archäologie der Humanwissenschaften. Suhrkamp Verlag Frankfurt am Main 1974.

Foucault, Michel: Überwachen und Strafen. Die Geburt des Gefängnisses. Suhrkamp Verlag Frankfurt am Main 1994.

Freud, Sigmund: Die Zukunft einer Illusion. Gesammelte Werke XIV. Internationaler Psychoanalytischer Verlag Leipzig, Wien und Zürich 1927.

Genazino, Wilhelm: Das Exil der Blicke. Die Stadt, die Literatur und das Individuum. Dresdner Rede, in: Ders.: Achtung Baustelle. München 2006.

Genazino, Wilhelm: Die Belebung der toten Winkel. Frankfurter Poetikvorlesungen. Hanser Verlag München 2006.

Genazino, Wilhelm: Der Professor im Schrank. Adorno und die Verweigerung des Lachens, in: Ders.: Der gedehnte Blick. Hanser Verlag München 2004.

Genazino, Wilhelm: Der Reiz des Scheiterns, in: Börsenblatt Nr. 43. Frankfurt am Main 2004.

Genazino, Wilhelm: Der Roman als Delirium, in: Verstehensanfänge. Das literarische Werk Wilhelm Genazinos. Hrsg. von Andrea Bartl und Friedhelm Marx. Göttingen 2011.

Genazino, Wilhelm: Der Untrost und die Untröstlichkeit der Literatur, in: Wilhelm Genazino: Der gedehnte Blick. München 2007.

Genazino, Wilhelm: Karnickel und Fliederbürste, violett. Kiel 2001.

Genazino, Wilhelm: Melancholische Renitenz. Bamberger Vorlesungen I, in: Ders.: Idyllen der Halbnatur. München 2012.

Genazino, Wilhelm: Von der Bruchbudenhaftigkeit des Schönen, in: Ders.: Melancholische Renitenz. Bamberger Vorlesungen I, in: Ders.: Idyllen der Halbnatur. München 2012.

Genazino, Wilhelm: Omnipotenz und Einfalt. Über das Scheitern, in: Ders.: Der gedehnte Blick. Hanser Verlag München 2004.

Hessel, Stéphane: An die Empörten dieser Erde! Vom Protest zum Handeln. Hrsg. von Roland Merk. Berlin 2012.

Hessel, Stéphane: Empört euch! Berlin 2011.

Hirsch, Anja: „Schwebeglück der Literatur". Der Erzähler Wilhelm Genazino. Heidelberg 2006.

Hoffmann, Matthias: Gesellschaftskritik in Wilhelm Genazinos Roman Das Glück in glücksfernen Zeiten. Lang Verlag Frankfurt am Main 2015.

Honneth, Axel: Schwierigkeiten kapitalismuskritischer Zeitdiagnosen. Gespräch mit Christoph Lieber, in: Erneuerung der Kritik. Axel Honneth im Gespräch. Hrsg. von Jan Philipp Reemtsma, Mauro Basaure, Rasmus Willig. Frankfurt am Main 2009.

Honold, Alexander: Doppelleben, halbbitter. Unentschiedenheit als erzählte Lebensform bei Wilhelm Genazino, in: Andrea Bartl und Friedhelm Marx (Hrsg.): Verstehensanfänge. Das literarische Werk Wilhelm Genazinos. Poiesis. Standpunkte der Gegenwartsliteratur. Wallstein Verlag Göttingen 2011.

Jeggle, Urs: Scheitern lernen, in: Stefan Zahlmann/Sylka Scholz (Hg.): Scheitern und Biographie. Die andere Seite moderner Lebensgeschichten. Psychosozial-Verlag Gießen 2004.

Jeunet, Jean-Pierre: Die fabelhafte Welt der Amélie. Film. Frankreich 2002.

Kant, Immanuel: Beantwortung der Frage: Was ist Aufklärung?, in: Ders.: Schriften zur Anthropologie, Geschichtsphilosophie, Politik und Pädagogik I. Werkausgabe Band XI. Herausgegeben von Wilhelm Weischedel. Suhrkamp Verlag Frankfurt am Main 1982.

Kiener, Franz: Kleidung, Mode und Mensch. Versuch einer psychologischen Deutung. München 1965.

Krauss, Hannes: Menschen – Dinge – Situationen. Wilhelm Genazinos *Abschaffel*-Romane, in: Heinz Ludwig Arnold (Hrsg.): Wilhelm Genazino. Edition Text + Kritik 162. München 2004.

Krempl, Sophie-Thérèse: Paradoxien der Arbeit oder: Sinn und Zweck des Subjekts im Kapitalismus. Bielefeld 2011.

Kriegel, Isabel: Die Dämonie der Zweisamkeit. Wenn außer uns niemand über uns spricht, wir aber auch nicht über uns sprechen, was bleibt dann von uns?, in: Thomas Anz und Jürgen Joachimsthaler (Hg.): literaturkritik.de Nr. 10 vom Oktober 2016. Marburg 2016. Stand: 21.11.2016. http://literaturkritik.de/public /rezension.php?rez_id=22536 (abgerufen am 16.08.2017).

List, Eveline: Psychoanalyse. 2. Auflage. Facultas Verlag Wien 2014.

Macho, Thomas H.: Todesmetaphern. Zur Logik der Grenzerfahrung. Frankfurt am Main 1987.

Marcuse, Herbert: Der eindimensionale Mensch. Studien zur Ideologie der fortgeschrittenen Industriegesellschaft. 4. Auflage. München 2004.

Marx, Friedhelm: Erzählfiguren der Verrückung im Werk Wilhelm Genazinos, in: Andrea Bartl und Friedhelm Marx (Hrsg.): Verstehensanfänge. Das literarische Werk Wilhelm Genazinos. Poiesis. Standpunkte der Gegenwartsliteratur. Wallstein Verlag Göttingen 2011.

Offe, Claus: Die Utopie der Null-Option, in: Die Moderne – Kontinuitäten und Zäsuren. Soziale Welt. Sonderband 4. Hrsg. von Johannes Berger. Göttingen 1986.

Pavlik, Jennifer: Mittelmäßiges Scheitern. Wilhelm Genazino und der Versuch, das mögliche Scheitern zu lieben, in: Hans-Christoph Koller, Markus Rieger-Ladich (Hg.): Vom Scheitern. Pädagogische Lektüren zeitgenössischer Romane III. Transcript Verlag Bielefeld 2013.

Pfeiferová, Dana: „Ich frage mich, ob aus dem simulierten ein wirklicher Tod werden kann, wenn er zu lange anhält.“ Metaphern des sozialen Todes in Wilhelm Genazinos Roman *Mittelmäßiges Heimweh*, in: Andrea Bartl und Friedhelm Marx (Hrsg.): Verstehensanfänge. Das literarische Werk Wilhelm Genazinos. Poiesis. Standpunkte der Gegenwartsliteratur. Wallstein Verlag Göttingen 2011.

Pontzen, Alexandra: Der Roman zur Krise? Wilhelm Genazino erzählt „Das Glück in glücksfernen Zeiten“, in: Thomas Anz und Jürgen Joachimsthaler (Hg.): literaturkritik.de Nr. 5 vom Mai 2009. Marburg 2009. Stand: 21.11.2016. http://literaturkritik.de/public/rezension.php?rez_id=12973 (abgerufen am 16.08.2017).

Pontzen, Alexandra: Wilhelm Genazino: Poetik als romantische Psychopathographie des Alltagslebens, in: Allkemper, Alo (Hrsg.): Poetologisch-poetische Interventionen: Gegenwartsliteratur schreiben. Fink Verlag München 2012.

Rousseau, Jean-Jacques: Abhandlung über den Ursprung und die Grundlagen der Ungleichheit unter den Menschen, in: Ders.: Schriften zur Kulturkritik. Eingeleitet, übersetzt und herausgegeben von Kurt Weigand. Meiner Verlag Hamburg 1971.

Sennett, Richard: Der flexible Mensch. Die Kultur des neuen Kapitalismus. Berlin 1998.

Schmuck, Anne: Poetische Doppelgänger. Bedeutung und Funktion von Kleidung in ausgewählten Romanen Wilhelm Genazinos, in: Andrea Bartl und Friedhelm Marx (Hrsg.): Verstehensanfänge. Das literarische Werk Wilhelm Genazinos. Poiesis. Standpunkte der Gegenwartsliteratur. Wallstein Verlag Göttingen 2011.

Schreiner, Patrick: Unterwerfung als Freiheit. Leben im Neoliberalismus. PapyRossa Verlag Köln 2015.

Schulze, Gerhard: Die Erlebnisgesellschaft. Kultursoziologie der Gegenwart. 2. Auflage. Frankfurt am Main 1992.

Spreckelsen, Tilman: Manche möchten lieber nicht. Gesellschaftliche Teilhabe und Initiation in den Romanen Wilhelm Genazinos, in: Heinz Ludwig Arnold (Hrsg.): Wilhelm Genazino. Edition Text + Kritik 162. München 2004.

Stockinger, Claudia: Das Leben ein (Angestellten-) Roman. Wilhelm Genazinos Ästhetik der Wiederholung, in: Heinz Ludwig Arnold (Hrsg.): Wilhelm Genazino. Edition Text + Kritik 162. München 2004.

Ternes, Bernd: Karl Marx. Eine Einführung. UVK Verlag Konstanz 2008.

Unsichtbares Komitee: Der kommende Aufstand. Hamburg 2010.

Vahsen, Mechthilde: Man muss stillhalten. So lautet das Credo des neuen Romans „Mittelmäßiges Heimweh" von Wilhelm Genazino, in: Thomas Anz und Jürgen Joachimsthaler (Hg.): literaturkritik.de Nr. 6 vom Juni 2007. Marburg 2007. Stand: 21.11.2016. http://literaturkritik.de/public/rezension.php?rez_id=10737 (abgerufen am 16.08.2017).

Vogl, Joseph: Über das Zaudern. Diaphanes Verlag Zürich/Berlin 2007.

Wir sind Helden: Lied *„Müssen nur wollen"*. Hamburg 2003.

Zahlmann, Stefan: Sprachspiele des Scheiterns. Eine Kultur biographischer Legitimation, in: Stefan Zahlmann/Sylka Scholz (Hg.): Scheitern und Biographie. Die andere Seite moderner Lebensgeschichten. Psychosozial-Verlag Gießen 2004.

Zarnegin, Kathy: Wilhelm Meisters Trauerjahre. Die Melancholie der Glücksversuche in Wilhelm Genazinos Roman „Das Glück in glücksfernen Zeiten", in: Die Wissenschaft des Unbewußten. Hrsg. von Kathy Zarnegin. Würzburg 2010.

Žižek, Slavoj: Die bösen Geister des himmlischen Bereichs. Der linke Kampf um das 21. Jahrhundert. 2. Auflage. S. Fischer Verlag Frankfurt am Main 2011.

Zeitfracht Medien GmbH
Ferdinand-Jühlke-Straße 7
99095 Erfurt, Deutschland
produktsicherheit@kolibri360.de